Chris Muszalik

D1796488

Advertising Scorecard als Instrument des Werbecontrolling

Chris Muszalik

Advertising Scorecard als Instrument des Werbe-controlling

GRIN Verlag

Bibliografische Information Der Deutschen Bibliothek: Die Deutsche Bibliothek verzeichnet diese Publikation in der Deutschen Nationalbibliografie; detaillierte bibliografische Daten sind im Internet über http://dnb.ddb.de/ abrufbar.

1. Auflage 2008
Copyright © 2008 GRIN Verlag
http://www.grin.com/
Druck und Bindung: Books on Demand GmbH, Norderstedt Germany
ISBN 978-3-638-95008-4

fachhochschule school of
wirtschaft business studies

Diplomarbeit

zur Erlangung des Grades
Diplom-Betriebswirt (FH)
im Studiengang Betriebswirtschaftslehre

Thema:

Advertising Scorecard
als Instrument des Werbecontrolling

Chris Muszalik

07. April 2008

fachhochschule
stralsund

AdSC

Advertising
Scorecard

als Instrument des Werbecontrolling

Inhaltsverzeichnis

Abkürzungsverzeichnis

AIDA	Attention, Interest, Desire, Action
CpM	Cost per Mille
CpR	Cost per Rating
CRM	Customer Relationship Management
DEA	Data Envelopment Analysis
GRP	Gross-Rating-Point
IDKAM	Image-Dimensionen-Kommunikations-Aktivitäten-Matrix
IKS	Informations- und Kommunikationssystem
IT	Informationstechnik
IVW	Informationsgemeinschaft zur Feststellung der Verbreitung von Werbeträgern e.V.
PIMS	Profit Impact of Market Strategies
SFA	Stochastischer-Frontier-Ansatz
SoV	Share of Voice
STP	Segmenting, Targeting and Positioning
TKP	Tausend-Kontakt-Preis
UAP	Unique Advertising Proposition
UCP	Unique Communication Proposition
USP	Unique Selling Proposition
ZAS	Zentrale Anzeigenstatistik
ZDF	Zahlen, Daten, Fakten

Symbolverzeichnis

§	Paragraf
%	Prozent
Σ	Summe
€	Euro
x	Mal
Δ	Veränderung

Abbildungsverzeichnis

1 Einleitung

Das Werbecontrolling wurde bisher vernachlässigt, obwohl schon vor über 100 Jahren mit der Äußerung „Die Hälfte meines Werbebudgets ist zum Fenster hinausgeworfen – ich weiß nur nicht welche Hälfte"[1] auf diesen `Notstand` hingewiesen wurde. Das folgende Beispiel von *E.on* - als auch *Quam* oder *letsbuyit.com*[2] - verdeutlicht, dass das Werbecontrolling immer wichtiger wird.

> „Marken wie *E.on*, *Yello* oder *RWE* besitzen inzwischen Bekanntheitswerte, die sich ohne weiteres mit den führenden Konsumgütermarken messen können. Der Aufbau der Marken ist somit aus `reiner Markenperspektive` unbestritten als Erfolg einzustufen. Allerdings führten die kostspieligen Markenkampagnen in der Regel nicht zu dem erhofften ökonomischen Erfolg. So konnte etwa *E.on* mit seiner `Mix-It`-Kampagne bei geschätzten Werbeausgaben von 22,5 Millionen Euro lediglich 1.100 Neukunden gewinnen. Dies entspricht Akquisitionskosten von 20.500 Euro pro Neukunde bei einem durchschnittlichen Jahresumsatz von 600 Euro je Kunde"[3].

1.1 Problemstellung

In Zeiten des immer stärker werdenden Kostendrucks ist die Kontrolle der Effektivität des Mediaeinsatzes unerlässlich. Hinzu kommen massive Budgetkürzungen, die das Thema Mediaeffizienz ebenfalls in den Fokus der Beachtung treten lassen[4].

Jedoch steht das Thema Werbecontrolling noch immer auf einem relativ niedrigen Entwicklungsstand. Bisher wird noch zu wenig Wert auf quantitative und qualitative Ziel- und Messgrößen gelegt sowie die Effektivität und Effizienz der Werbung nicht ausreichend in den Mittelpunkt gestellt. Der Einsatzgrad von betriebswirtschaftlichen

---

[1] Schnettler, J. / Wendt, G.: Konzeption und Mediaplanung für Werbe- und Kommunikationsberufe. Lehr- und Arbeitsbuch für die Aus- und Weiterbildung, Berlin 2006, S. 202; Über den Urheber, Henry Ford 1863 - 1947, William Hesketh Lever 1851 – 1925 oder Johny Wanamaker 1838 - 1922, herrscht Uneinigkeit.
[2] Vgl. Hingst, A. (2001): Das Jammertal der Ameisen, in: Absatzwirtschaft Nr. 5 / 2001, S. 152 - 154
[3] Meffert, H. / Schröder, J. / Perrey, J.: Lohnt sich Ihre Investition in die Marke?, in: Absatzwirtschaft Nr. 10 / 2002, S. 28 - 35
[4] Vgl. Schulz, K.-P.: Kampf um die beste Idee, in Absatzwirtschaft Sonderheft 2003, S. 66 - 70

Analyseinstrumenten zur Effizienz- und Effektivitätsmessung ist nach wie vor relativ gering.

Angesichts dieser Tatsache muss die Mediaplanung nicht nur unter Effizienzaspekten erfolgen, sondern zunehmend auch unter Effektivitätsaspekten. Das heißt, neben die Betrachtung des Preis-Leistungsverhältnisses tritt der Werbewirkungsaspekt in den Mittelpunkt. Jedoch existieren bislang keine Methoden die Werbewirkung zu prognostizieren. Auch lassen sich Imageveränderungen und kaufauslösende Impulse einer Werbekampagne nicht vorhersagen[5]. Deshalb muss Werbung sowohl im Hinblick auf ökonomische als auch kommunikative Ziele beurteilt werden, die erreicht werden sollen.

Besonders die Werbewirkungsebene wird neben den Effizienzaspekten immer wichtiger, wobei hinterfragt wird, ob auf der Wirkungsebene etwas bewirkt wurde. So ist eine Werbekampagne erst dann effektiv, wenn durch den Mitteleinsatz eine tatsächlich bessere Kampagnenleistung erschlossen werden kann[6].

1.2 Zielsetzung

Ziel dieser Arbeit wird sein, ein Instrument für das Werbecontrolling zu erstellen. Dafür wird ein Subsystem in Anlehnung an die Balanced Scorecard von Robert S. Kaplan und David P. Norton abgeleitet und mit geeigneten Kennzahlen versehen. Die Kennzahlen werden aus betriebswirtschaftlicher Sicht deskriptiv wiedergegeben, kritisch hinterfragt und mit Beispielen untermauert. Bei der Wahl der Kennzahlen liegt die Konzentration hauptsächlich auf qualitativen und quantitativen – nicht monetären – Kennzahlen, auf rein finanzielle Kennzahlen wird zum Teil in der Finanzperspektive eingegangen.

---

[5] Kloss, I.: Werbung, 3. Aufl. München / Wien 2003, S. 100
[6] a.a.O., S. 174

1.3 Herangehensweise

Um Werbeziele, sowohl ökonomische als auch kommunikative, zu erreichen, wird im ersten Kapitel auf den zentralen Baustein der Advertising Scorecard eingegangen. Dabei werden die vagen obersten Ziele als Vision vorgegeben, die nach außen gerichtete Absicht des eigentlichen Werbezwecks als Mission formuliert, um dann die Strategie mit Bestandteilen der Positionierung und der Copy Strategy zu definieren.

Die darauf folgenden Kapitel werden die vier Perspektiven der Balanced Scorecard beschreiben und mit Kennzahlen zum Werbecontrolling versehen sowie kritisch auf die Anwendbarkeit hinterfragen.

In der finanzwirtschaftlichen Perspektive werden neben den Leistungswerten, wie dem Tausend-Kontakt-Preis, dem Gross-Rating-Point, der Affinität und dem Cost per Rating auch Markenbewertungsverfahren und die Image-Dimensionen-Kommunikations-Aktivitäten-Matrix behandelt.

In der Kundenperspektive wird das Brand Funnel, ein Stufenmodell von *McKinsey*, und dessen Bestandteile, wie Bekanntheit, Image, Kaufabsicht, Kauf und Loyalität, beschrieben. Ein weiterer Bestandteil, der erläutert wird, ist das Semantische Netzwerk.

Die interne Prozessperspektive befasst sich damit, wie die Beschaffungskosten reduziert werden können, welche Maßnahmen zu induzieren sind, um die Briefing-Qualität zu optimieren und wie ein leistungsorientiertes Vergütungssystem aufgebaut werden kann.

Die Lern- und Entwicklungsperspektive befasst sich neben der Erhöhung der Kommunikationskompetenz auch mit dem Bereich der Informationstechnik, wodurch die Informationsversorgung gewährleistet werden soll.

Im letzten Kapitel, der Schlussbetrachtung, wird nochmals die gegenwärtige Situation des Werbecontrolling erörtert sowie die zukünftigen Ausblicke auf Anwendbarkeit des strategischen Werbecontrolling basierend auf Qualitäten.

2 Von der Vision und Mission zur Strategie

Der erste Schritt zur Erstellung einer Advertising Scorecard ist die Kommunikation der Vision, der Mission und der Strategie[7]. Doch bevor diese Begriffe verwendet werden können, sind diese zu erläutern und entsprechend Vorgaben zu definieren.

2.1 Vision

Die Visionen sind Wunschvorstellungen beziehungsweise die vagen obersten Ziele, die von den Unternehmen angestrebt werden. Als Grundsatz für die Formulierung einer Vision gilt: Je kürzer eine Vision in Worte gefasst ist, desto einprägsamer ist diese und die Ziele und Strategien lassen sich besser umsetzen[8]. Die Vision einer Brauerei könnte lauten, Bier `gesellschaftsfähig´ darzustellen[9].

2.2 Mission

Nach Angaben aus der Sekundärliteratur soll die Mission eine Außenwirkung erreichen[10]. Hingegen ist die Mission nach Norton und Kaplan eine nach innen orientierte Aussage, die den Existenzgrund der Unternehmung formuliert[11]. Dadurch wird eine genauere Abgrenzung der Vision und der Mission erschwert. Nach Auffassung von Becker ist eine Vision eine `ehrgeizige Zukunftsvorstellung´ und die Mission eine `klare Absicht´, die den eigentlichen Unternehmenszweck – beziehungsweise Werbezweck – unterstützt[12]. Da Werbung eine externe Wirkung erzeugt, wird hier die Auffassung der Außenwirkung geteilt. Das heißt, die Mission teilt der

---

[7] Vgl. Kaplan, R. S. / Norton, D. P.: Alignment – Mit der Balanced Scorecard Synergien schaffen, Stuttgart 2006, S. 250

[8] Vgl. Ehrmann, H.: Kompakt-Training Balanced Scorecard, 2. Aufl., Ludwigshafen (Rhein) 2002, S. 21 f.

[9] Vgl. Kloss, I.: Werbung, 3. Aufl., München / Wien 2003, S. 123

[10] Vgl. Ehrmann, H.: Kompakt-Training Balanced Scorecard, a.a.O., S. 23, sowie: Friedag, H. R. / Schmidt, W.: Balanced Scorecard – Mehr als ein Kennzahlensystem, 4. Aufl. Freiburg / Berlin / München 2002, S. 22

[11] Vgl. Kaplan, R. S. / Norton, D. P.: Strategy Maps – Der Weg von immateriellen Werten zum materiellen Erfolg, Stuttgart 2004, S. 30

[12] Vgl. Becker, J.: Marketing-Konzeption. Grundlagen des Ziel – strategischen und operativen Marketing – Managements, 8. Aufl., München 2006, S. 39

Öffentlichkeit mit, wie das Unternehmen gerne gesehen werden will. Dabei besteht auch die Möglichkeit einen entsprechenden Slogan, Claim oder Begriff zu formulieren.

Ein Beispiel für eine Mission ist: „Otto find ich gut"

Durch die Kürze und Prägnanz kann dieser Slogan leicht in Werbekampagnen integriert werden und signalisiert zudem Vertrauen in den *Otto*-Konzern und dessen Produkte[13]. Durch das wertende Wort 'gut' besteht hier die Möglichkeit, die Mission zu messen, indem die *Otto*-Kunden den Konzern mithilfe einer Schulnotenskala bewerten.

Eine Zielsetzung könnte lauten, dass mindestens 80 Prozent der Kunden den Konzern mit 'gut' und davon mindestens 10 Prozent mit 'sehr gut' bewerten. Maßnahmen, die dafür eingeleitet werden müssten, sind nicht ausschließlich der Werbung zuzurechnen, sondern auch anderen Aktivitäten und exogenen Faktoren.

Angemerkt sei, dass eine Mission immer messbar sein muss. Das heißt, die Mission ist entsprechend so zu formulieren, um eine Messung zu ermöglichen. Jedoch ist diese nicht zwingend als Slogan herauszuarbeiten.

2.3 Strategie

Der Begriff „Strategie" kommt aus dem Griechischen und geht auf die beiden Worte „stratós" (Heer) und „ágein" (führen) zurück. Außerdem wird der Begriff auch mit dem Synonym politischer, militärischer oder betriebswirtschaftlicher Taktik gleichgesetzt. Schon vor über zweieinhalbtausend Jahren trat der Begriff der Strategie in den Schriften von Sunzi auf. Weitere Krieger und Feldherren, die mit dem Begriff Strategie in Verbindung gesetzt werden, sind Hannibal, Clausewitz und Moltke.

Die betriebswirtschaftliche Verwendung geht auf Michael E. Porter zurück. Nach Porter ist die Strategie eine Auswahl von Aktivitäten, die einer Organisation Wettbewerbs-

---

[13] Vgl. Friedag, H. R. / Schmidt, W.: Balanced Scorecard – Mehr als ein Kennzahlensystem, a.a.O., S. 91

vorteile verschafft[14]. So hat eine nationale Brauerei als Strategie, einen relativen Marktanteil von 2,0 zu erreichen[15] und somit von weiteren Synergien zu profitieren.

Wettbewerbsvorteile in der Werbung werden zum einen durch die Unique Selling Proposition[16] (USP) oder zum anderen durch eine Unique Advertising Proposition (UAP) generiert. Letzteres wird in der Literatur[17] auch als Unique Communication Proposition (UCP) bezeichnet. Dafür ist entsprechend eine Positionierung zu definieren, die sich von den Wettbewerbern abgrenzt. Nachdem die Positionierung verfasst ist, sind die vier Elemente der Copy Strategy zu formulieren. Abbildung 2-1 visualisiert den Prozess der Identifizierung der Wettbewerbsvorteile, der Differenzierung und der Positionierung.

Weitere Systematiken zur Vorarbeit einer Positionierung ist das STP-Marketing (segmenting, targeting and positioning)[18] und die Marketing Konzeptionspyramide[19].

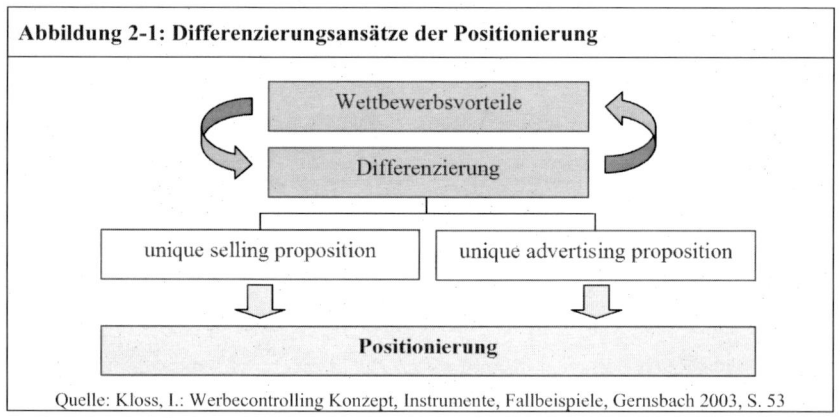

Abbildung 2-1: Differenzierungsansätze der Positionierung

Quelle: Kloss, I.: Werbecontrolling Konzept, Instrumente, Fallbeispiele, Gernsbach 2003, S. 53

---

[14] Vgl. Porter, M. E.: What Is Strategy?, in: Harvard Business Review, November-December 1996, p. 61 - 78

[16] zurückführend auf: Reeves, R.: Reality in Advertising, New York 1961

[17] Vgl. Schnettler, J. / Wendt, G.: Konzeption und Mediaplanung für Werbe- und Kommunikationsberufe. Lehr- und Arbeitsbuch für die Aus- und Weiterbildung, a.a.O., S. 269, sowie: Pepels, W.: Marketing, 4. Aufl., München / Wien 2004, S. 103

[18] Vgl. Kotler, P. / Bliemel, F.: Marketing-Management. Analyse, Planung und Verwirklichung, 10. Aufl., Stuttgart 2001, S. 415 ff., STP ist zurückführend auf: Smith, W R.: Product Differation and Market Segmentation as Alternative Marketing Strategies, in Journal of Marketing 1956, p. 3 - 8

[19] Vgl. Becker, J.: Das Marketingkonzept. Zielstrebig zum Markterfolg, 2 Aufl., München 2001, S. 1 ff.

2.3.1 Wettbewerbsvorteile durch Positionierung

Wie bereits im vorherigen Kapitel beschrieben, ist eine Positionierung durch eine Unique Selling Proposition oder durch die Unique Advertising Proposition möglich. Der Unterschied zwischen USP und UAP ist, dass der USP ein objektiver Zusatznutzen ist und durch den UAP ein eigenständiger Kommunikationsauftritt aufgebaut wird[20].

So positioniert *Ferrero* die Marke *Kinder* durch den USP `die Extra-Portion Milch´, hingegen wird bei der Marke *duplo* – `die wahrscheinlich längste Praline der Welt´ – ein UAP angewandt. Im Waschmittelmarkt wiederum wird zwar zwischen Produktformen wie Pulver, Tabs und Liquid unterschieden, jedoch besteht keine klare Differenzierung voneinander[21]. Besonders auf solch gesättigten Märkten sind die Produkte homogen, weshalb nur die Differenzierung mit einem UAP einen Wettbewerbsvorteil erzielt[22]. Nach Al Ries und Jack Trout hat Positionierung auch nichts mit dem Produkt zu tun. Vielmehr ist Positionierung das, „what you do to the mind of the prospect"[23].

Häufiges Problem bei der Formulierung der Positionierung ist, dass versucht wird die Marke mit Produkteigenschaften zu differenzieren. Eine Eiscreme mit Superlativen wie cremiger, fruchtiger et cetera zu umschreiben, ist jedoch kein Alleinstellungsmerkmal. *Langnese* vom *Unilever*-Konzern positioniert die Marke *Magnum* (lateinisch für `das Große´) nicht als Eis am Stiel, sondern als einen „sündigen Genuss"[24], was auch deutlich aus den Werbemitteln hervorgeht (siehe Abbildung 2-2).

Durch diese emotionale Positionierung wird es dem Wettbewerber erschwert, die Marke *Magnum* zu kopieren und verschafft dem *Unilever*-Konzern weitere substanzielle Vorteile. Selbst ein homogenes Produkt wie ein Ei kann über einen UAP positioniert werden und gewinnt zusätzlich eine höhere Wertschöpfung als die Wettbewerber[25].

---

[20] Vgl. Schnettler, J. / Wendt, G.: Konzeption und Mediaplanung für Werbe- und Kommunikationsberufe. Lehr- und Arbeitsbuch für die Aus- und Weiterbildung, a.a.O., S. 44, sowie: Meffert, H.: Marketing – Grundlagen marktorientierter Unternehmensführung – Konzepte – Instrumente – Praxisbeispiele, 9. Aufl., Wiesbaden 2000, S. 682

[21] Vgl. Stumpf, A.: Richtig in die Marke investieren, in: Absatzwirtschaft Nr. 9 / 2003, S. 104 - 106

[22] Vgl. Kloss, I.: Der Buridanische Esel heute. Langfristige Markenartikelpolitik, in: Der Markenartikel, Nr. 11, 1986, S. 509 - 511

[23] Ries, A. / Trout, J.: Positioning; the battle of your mind, II. Title, New York 1986, p. 2

[24] Mumme, H. / Wernecke, J.: Der Weg ist das Ziel – Pretest als Wegweiser, in: planung & analyse, 3/2003, S. 42 - 44

[25] Vgl. Kloss, I.: Werbung, a.a.O., S. 20 f.

7

Abbildung 2-2: Werbemittel der Marke Magnum

Quelle: https://v2.adzyklopaedie.com/Login.aspx

Das klassische Positionierungsmodell ist eine weitere Möglichkeit eine Positionierung zu bestimmen. Zudem besteht hier die Gelegenheit die Wettbewerber mit einzubeziehen, wodurch die Gefahr reduziert wird, dass sich bereits bestehende Positionierungen überschneiden.

In der Theorie geht das vereinfachte Positionierungsmodell von zwei Eigenschaften aus, jedoch sind in der Realität oft mehr als zwei relevante Eigenschaften zu berücksichtigen. Die Eigenschaften richten sich entweder auf sachliche und funktionale Produkt-qualitäten oder auf emotionale Produkterlebnisse. Im entsprechenden Eigenschaftsraum wird dann die

- eigene Marke positioniert sowie die
- konkurrierenden Marken aus der
- idealen Sicht der Zielgruppe[26].

In der Abbildung 2-3 wird ein Eigenschaftsraum für die gefühlte Positionierung bekannter Handy-Hersteller dargestellt. Besonders auffällig ist das Cluster der Marken *Philips*, *Panasonic* und *Sony*, die von den Probanden als `Junge Hüpfer´ bewertet

---

[26] Vgl. Kroeber-Riel, W. / Esch, F.-R.: Strategie und Technik der Werbung – Verhaltenswissenschaftliche Ansätze, 5. Aufl., Stuttgart 2000, S. 47 f.

wurden, welche sich selbst am nächsten sind. Obwohl sich die Positionierungen in diesem Segment noch nicht überschneiden, ist hier eine Alleinstellung über den UAP essentiell. Die Marke *Nokia* hingegen behauptet sich, im Vergleich zu den restlichen Wettbewerbern, konkurrenzlos in einer Idealposition. Die Dimension `Einsame Angst´ wird für den Handy-Markt als alternative Positionierungsmöglichkeit ausgeschlossen.

Abbildung 2-3: Gefühlte Markenpositionierung bekannter Handy-Hersteller

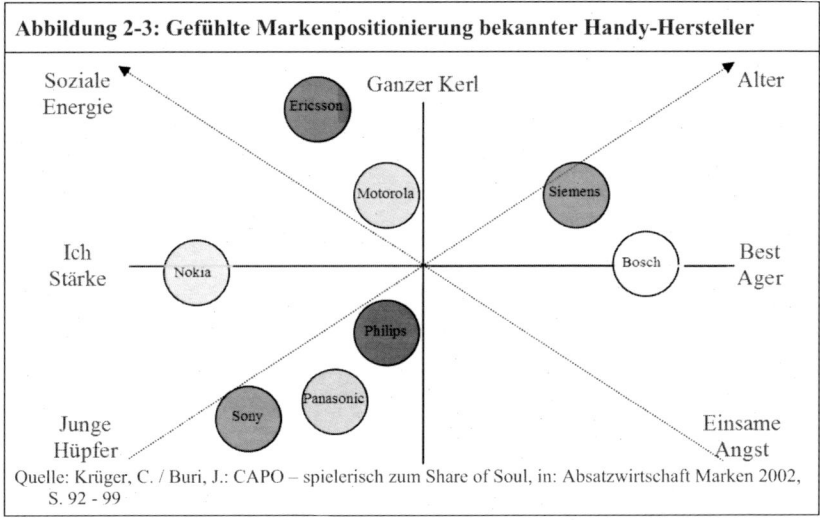

Quelle: Krüger, C. / Buri, J.: CAPO – spielerisch zum Share of Soul, in: Absatzwirtschaft Marken 2002, S. 92 - 99

In anderen Quellen[27] ist Ähnliches erkennbar. So positionieren sich besonders Marken in emotionalen Erlebniswelten und grenzen sich somit von den Wettbewerbern ab.

Nachdem eine eigenständige Positionierung festgelegt ist, wird im nächsten Schritt die weiterführende Copy Strategy formuliert.

---

[27] Vgl. &Equity: Langer Gedanke – kurzes Amen. Die Positionierung ist der Schlussstein der Strategie, in: http://www.equity.de/index_marken.html (Stand: 31. Oktober 2007), sowie: Dressler, M. / Duhm, U.: Wie greifbar sind Images? Ein Erfahrungsbericht über die Untersuchung der Images von Alcopops, in: Planung & Analyse 2 / 2005, S. 31 - 35 und SevenOneMedia: Positionierungsanalysen

2.3.2 Copy Strategy

Die Copy Strategy ist wie die Positionierung ein Langzeit-Dokument und „Grundlage jeglicher produktbezogener Kommunikation"[28]. Änderungen sind nur vorzunehmen, wenn die Marke neu positioniert beziehungsweise an die Marktverhältnisse angepasst wird. Zudem erfüllt die Copy Strategy zwei Aufgaben:

- zum einen als Anleitung für die Werbeagentur und
- zum anderem als Beurteilungsmaßstab[29].

Entsprechend ist die Copy Strategy, die die folgenden vier wesentlichen Aussagen enthalten muss, vom Werbetreibenden zu erstellen[30].

- Den Benefit; ein glaubhaftes Produktversprechen, weshalb der Verbraucher die Marke allen anderen Marken vorziehen soll.
- Den Reason Why; die nachvollziehbare Begründung des Produktversprechens.
- Die Target Audience; beschreibt die anzusprechende Zielgruppe.
- Die Tonality; definiert, was für eine Atmosphäre übermittelt werden soll[31].

An der Copy Strategy hat sich die Werbeagentur zu orientieren und am Storyboard können schon Aussagen gemacht werden, ob die Kreation `on stragegy´ ist oder nicht und somit wirkungsvoll ist oder nicht[32]. Dadurch ist die Copy Strategy ein Beurteilungskriterium zur Messung der kreativen Leistung einer Werbeagentur.

Sofern der Werbecontroller über ausreichend Erfahrung im Umgang mit der Copy Strategy verfügt, besteht hier die Möglichkeit der Copy Analyse. Dadurch kann die mutmaßliche Positionierung und Copy Strategy des Wettbewerbers abgeleitet werden[33] und dient damit der Positionierungsanalyse.

---

[28] Kloss, I.: Der Buridanische Esel heute, a.a.O., S. 509 - 511
[29] Vgl. Kloss, I.: Werbung, a.a.O., S. 166 f.
[30] Vgl. Kloss, I.: Werbecontrolling, a.a.O., S. 10
[31] Vgl: Kloss, I. Werbung, a.a.O., S. 166 ff. sowie Huth, R. / Pflaum, D.: Einführung in die Werbelehre, 6. Aufl., Stuttgart / Berlin / Köln 1996, S. 102 ff., sowie: Bruhn, M. : Kommunikationspolitik, 1997 München, S. 267 und Steffenhagen, H.: Copy Strategy, in Diller, H. (Hrsg.): Vahlens Großes Marketinglexikon, München 2001, S. 238 f.
[32] Vgl: Kloss, I. Werbung, a.a.O., S. 166
[33] Vgl. a.a.O., S. 169

Die Herangehensweise einer Copy Analyse läuft folgendermaßen ab:

- Zunächst werden die ersichtlichen Inhalte der Anzeige wiedergegeben. Wichtig dabei ist auch, das aufzuzeigen, was nicht dargestellt ist.
- Im Anschluss daran erfolgt die Analyse und Interpretation. Dabei muss davon ausgegangen werden, dass in der Werbung nichts dem Zufall überlassen wird.[34]

Angemerkt sei, dass nicht alle Werbemittel eine Copy Strategy besitzen. Dazu gehören unter anderem Werbemittel die kurzfristige Ziele verfolgen und auch austauschbare Werbung[35]. Zu Letzterem gehören vor allem die Bereiche Parfum, Bekleidung und modische Accessoires[36]. Abbildung 2-4 zeigt einen Überblick von austauschbaren Werbemitteln und Werbemitteln, die kurzfristige Ziele erreichen sollen.

Abbildung 2-4: Austauschbare Werbung / Werbung ohne Copy Strategy

Quelle: https://v2.adzyklopaedie.com/Login.aspx

Nachdem der zentrale Baustein der Advertising Scorecard festgelegt ist, werden im Folgenden die vier Perspektiven – Finanz-, Kunden-, Lern- & Entwicklungs- und die Interne Prozessperspektive – mit adäquaten Kennzahlen versehen, wodurch eine Ausgewogenheit an Kennzahlen ermöglicht werden soll.

---

[34] Vgl. Kloss, I.: Werbung. Handbuch für Studium und Praxis, 4. Aufl., München 2007, S. 196
[35] Vgl. a.a.O., S. 199
[36] Vgl. a.a.O., S. 21

3 Die finanzwirtschaftliche Perspektive

Die Finanzperspektive der Advertising Scorecard sollte nicht nur für das eigene Unternehmen beziehungsweise die Geschäftseinheiten erstellt werden, sondern auch für externe Geschäftspartner wie Media- und Werbeagenturen transparent gemacht werden. Deshalb sind die Kennzahlen gemeinsam mit den Betroffenen zu erarbeiten und festzulegen. Außerdem sollten die Kennzahlen eine Kausalität zueinander aufweisen, was zu einer Verbesserung der finanziellen Leistung führt.

Des Weiteren müssen die Kennzahlen die Strategie widerspiegeln. Dabei werden langfristige finanzwirtschaftliche Ziele gesetzt, die mit den anderen Perspektiven verknüpft sind, um eine langfristige wirtschaftliche Leistung zu erreichen[37].

3.1 Markenwertverfahren

Obwohl in Deutschland immaterielle Vermögensgegenstände wie Marken handels- und steuerrechtlich – bis auf Ausnahmen – nicht aktiviert werden dürfen[38], existieren bislang weit über 60 Modelle zur Bewertung von Marken[39]. Der Markenwert wird unter anderem für die Akquise und den Verkauf von Marken, zur Schadensbemessung durch Verletzung von Markenrechten, Lizenzierung, Kreditsicherung und als Bemessungs-grundlage für Managementgehälter herangezogen[40]. Die Erhöhung des Markenwertes ist für die strategische Unternehmensplanung unerlässlich. Aufgrund der hohen Anzahl von Markenbewertungsverfahren hat sich der Werbetreibende für eines dieser Verfahren zu entscheiden. Dabei ist zwischen betriebswirtschaftlichen, ver-haltensorientierten sowie Kombinationsmodellen zu differenzieren. In Abbildung 3-1 werden verschiedene Bewertungsmodelle den eben genannten Verfahren zugeordnet.

---

[37] Vgl. Kaplan, R. S. / Norton, D. P.: Balanced Scorecard, Stuttgart 1997, S. 46

[38] Vgl. Einkommensteuergesetz (EStG): § 5 Gewinn bei Kaufleuten und bei bestimmten anderen Gewerbetreibenden, Absatz 2, sowie: Handelsgesetzbuch (HGB): § 248 Bilanzierungsverbote, Absatz 2

[39] Vgl. Kilian, K.: 66 Markenmodelle im Überblick, in: http://www.markenlexikon.com/marke/markenmodelle/index.html (Stand: 22. Januar 2008)

[40] Vgl. Seiwert, M.: Führende Bewertungsverfahren im Vergleich, in: Absatzwirtschaft Nr. 2 / 2004, S. 34 – 37, sowie: Heil. O. / Maul, K.-H.: Pro und Contra. Brauchen wir eine Standardisierung der Markenbewertung?, in: Absatzwirtschaft N. 2 / 2004, S. 30 - 33 und Esch, F.-R. / Geus, P.: Markenwertmessungen auf dem Prüfstand, in: Absatzwirtschaft Marken 2001, S. 24 - 27

Abbildung 3-1: Verfahren der Markenbewertung

Betriebswirtschaftliche Verfahren	Verhaltensorientierte Verfahren	Kombinationsverfahren
• Kostenorientierte Verfahren • Kapital-/Ertragswert-orientierte Verfahren • Preisorientierte Verfahren • Kapitalmarktorientierte Verfahren	• Dimensionen des Markenwerts • Markenbildklarheits- und Attraktivitäts-Index • Brand Equity-Modellrahmen • Markenwissen • Markeneinsberg-Modell	• Markengewinn-Marken-stärke-Ansatz • Markenbilanz • Brand-Performancer • Objektivierte marktorientierte Markenbewertung • Brand-Broker Verfahren

Quelle: Gerpott, T. J. / Thomas, S. E.: Markenbewertungsverfahren. Einsatzfelder und Verfahrensüberblick, in: Wirtschaftswissenschaftliches Studium (WiSt), Heft 7, 2004, S. 394 - 400

3.1.1 Betriebswirtschaftliche Verfahren

Die betriebswirtschaftlichen Verfahren sind rein quantitativ und dienen der Ermittlung eines monetären Markenwertes[41]. Dabei ist zwischen der historischen und gegenwarts-bezogenen Kostenbewertung zu unterscheiden. Bei der historischen Kostenbewertung werden früher getätigte Investitionen in die Marke kumuliert. Hierbei wird ermittelt, wie viel der Markenaufbau gekostet hat. Gegenwartsbezogene Kostenbewertungen ermitteln hingegen den aktuellen Wiederbeschaffungswert. Das heißt, hier wird ein Wert ermittelt, der aufzubringen ist, um die Marke heute neu aufzubauen[42]. Allerdings erscheint eine eindeutige Abgrenzung und Zuordnung der Erlöse und Kosten als problematisch um einen eindeutigen Wert zu erlangen. Außerdem erscheint die rein monetäre Markenwertbestimmung für das Werbecontrolling als nicht relevant, da keine Aussagen über das Markenbild in die Berechnung einfließen[43].

---

[41] Vgl. Trommsdorff, V.: Verfahren der Markenbewertung, in: Bruhn, M. (Hrsg.): Handbuch Markenführung, 2. Auflage, Bd. 2, o.O. 2004, S. 1866
[42] Vgl. Esch, F.-R. / Geus, P.: Markenwertmessungen auf dem Prüfstand, a.a.O., S. 24 - 27, sowie: Seiwert, M. (2004): Führende Bewertungsverfahren im Vergleich, a.a.O., S. 34 - 37
[43] Vgl. Bentele, G. / Buchele, M.-S. / Hoepfner, J. / Liebert, T.: Markenwert und Markenwertermittlung, a.a.O., S. 13 f.

3.1.2   Verhaltensorientierte Verfahren

In diesen Verfahren werden die oben fehlenden Determinanten berücksichtigt. Dabei wird die Wahrnehmung der Marke aus Sicht der Zielkunden mit einbezogen. Dafür werden plausible Annahmen oder fundierte Untersuchungen, auf Basis von Konsumentenbefragungen, durchgeführt. Auch hier existieren zwei grundlegend verschiedene Möglichkeiten zur Bewertung. Bei kompositionellen Verfahren werden einzelne Attribute der Marke zu einem Gesamturteil zusammengefügt und gegensätzlich wird bei dekompositionellen Verfahren der Markenwert zerlegt. Diese Einblicke in die Psychologie der Marke stellen den Markenwert aus Sicht des Kunden dar[44] und sind somit signifikant für das qualitative Werbecontrolling.

3.1.3   Kombinationsverfahren

Die dritte Variante beinhaltet die Kombinationsverfahren. Dabei werden die Vorteile der betriebswirtschaftlichen und verhaltensorientierten Verfahren verbunden und gehören zu den fortschrittlichsten Modelltypen. Allerdings werden Informationen aus der Kommunikationswissenschaft nicht oder nur unzureichend berücksichtigt. Diesbezüglich erscheinen diese Modelle derzeit als nicht geeignet, weil die nötige Operationalisierung fehlt[45].

Ein weiteres Problem, welches bei der Markenbewertung zu ist, besteht in der Abweichung unterschiedlicher Bewertungsansätze von mehreren hundert Prozent. So betrug der Markenwert von *Coca-Cola* je nach Bewertungsansatz zwischen 3 und 33 Milliarden Dollar im Jahr 1992[46]. Selbst bei einer fiktiven Studie zur Tank AG sind ähnliche Abweichungen erkennbar, wie aus Abbildung 3-2 hervorgeht. Auch im Zeitvergleich ergeben sich nicht nachvollziehbare Schwankungen. So wurde von

---

[44] Vgl. Bentele, G. / Buchele, M.-S. / Hoepfner, J. / Liebert, T.: Markenwert und Markenwertermittlung, a.a.O., S. 13 f., sowie Trommsdorff, V.: Verfahren der Markenbewertung, in: Bruhn, M. (Hrsg.): Handbuch Markenführung, a.a.O., S. 1867
[45] Vgl. Bentele, G. / Buchele, M.-S. / Hoepfner, J. / Liebert, T.: Markenwert und Markenwertermittlung, a.a.O., S. 169, sowie: Gerpott, T. J. / Thomas, S. E.: Markenbewertungsverfahren. Einsatzfelder und Verfahrensüberblick, a.a.O., S. 399 f.
[46] Vgl. Bekmeier-Feuerhahn, S.: Marktorientierte Markenbewertung, o.O. 1998, S. 62

Interbrand die Marke *Yahoo* in den Jahren 1999 mit 1,7 Milliarden Euro, 2000 mit 6,8 Milliarden Euro und 2001 mit 4,9 Milliarden Euro bewertet[47].

Durch die Vielzahl möglicher Bewertungsverfahren muss der Werbetreibende als erstes festlegen, welches Verfahren für die Markenwertbestimmung angewandt werden soll. Welches Verfahren verwendet wird, hängt von der Zielsetzung ab, ob die Markenbewertung Entscheidungs- und Managementzwecken oder handels- und steuerbilanziellen Zwecken dienen soll[48]. Ein anderes strategisches Ziel könnte lauten, den Markenwert zu erhöhen[49].

Abbildung 3-2: Markenwert der Tank AG

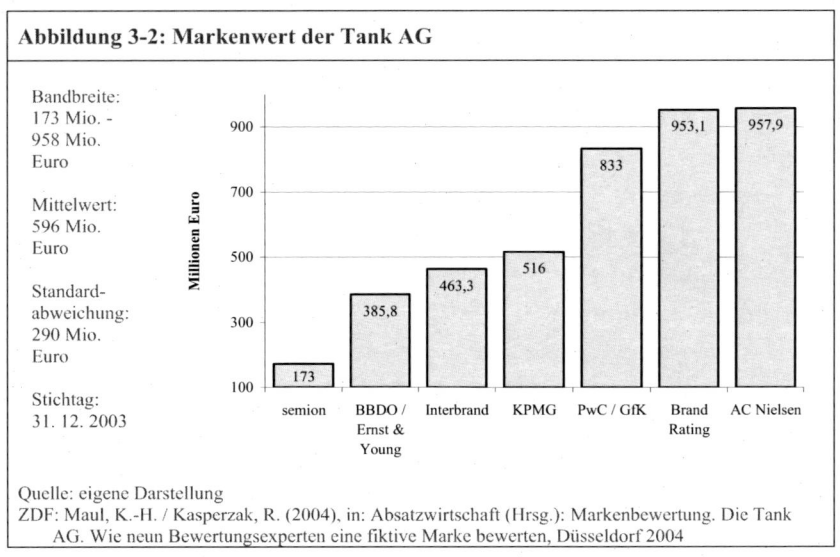

Quelle: eigene Darstellung
ZDF: Maul, K.-H. / Kasperzak, R. (2004), in: Absatzwirtschaft (Hrsg.): Markenbewertung. Die Tank
AG. Wie neun Bewertungsexperten eine fiktive Marke bewerten, Düsseldorf 2004

Dies kann durch das Verstärken der integrierten Kommunikation erreicht werden. Neben Qualitäten wie Vorstellungsbildern und Kundentreue fließen zudem auch andere Faktoren in die Markenbewertung mit ein. Das heißt, dass die oberflächliche Betrachtung des Vorjahreswerts mit dem aktuellen Wert wegen der oben genannten Diskrepanz nicht ausreichend ist. Hier muss hinterfragt werden, welche Aktivitäten wie viel zum Markenwert beigetragen haben.

---

[47] Vgl. Kilian, K.: Markenbewertungsansätze, in: http://www.markenlexikon.com/markenbewertung.html
(Stand: 22. Januar 2008)
[48] Vgl. Maul, K.-H. / Kasperzak, R. (2004), in: Absatzwirtschaft (Hrsg.): Markenbewertung. Die Tank
AG. Wie neun Bewertungsexperten eine fiktive Marke bewerten, a.a.O., S. 238 f.
[49] Vgl. Kloss, I.: Werbecontrolling, a.a.O., S. 204

3.2 Leistungswerte

Auf Leistungswerte kann in der Mediaplanung und -kontrolle nicht verzichtet werden. Zu den wichtigsten Leistungswerten gehören der Tausend-Kontakt-Preis (TKP), der Gross-Rating-Point (GRP) und die Affinität. In den folgenden Kapiteln werden diese drei Leistungswerte auf die Anwendbarkeit in der Advertising Scorecard genauer betrachtet.

3.2.1 Kontakt-Preis

Bei der Auswahl von Medien spielt neben der quantitativen Werbeleistung natürlich auch der Preis eine zentrale Rolle. Der Werbegrundpreis ist aus der Sicht von Werbetreibenden nicht entscheidungsrelevant, sondern vielmehr der Preis für 1.000 Kontakte[50].

Der Tausend-Kontakt-Preis (TKP) beziehungsweise Cost per Mille (CpM) gibt an, wie hoch die Kosten sind, um 1.000 Kontakte in der Zielgruppe zu erreichen. Berechnet wird der TKP aus dem Verhältnis der Schaltkosten eines Werbeträgers und den damit erreichten Kontakten[51]. Die Formel für den Tausend-Kontakt-Preis lautet:

$$TKP = \frac{Kosten\ (in\ Euro)\ x\ 1.000}{Brutto\text{-}Reichweite\ (Anzahl\ der\ Kontakte)}$$

Somit ist der Tausend-Kontakt-Preis als Maßstab für die Rentabilität, Preiswürdigkeit beziehungsweise Wirtschaftlichkeit eines Mediums anzusehen. Aufschluss über die tatsächlich erzielte Leistung liefert aber erst die ex post Kontrolle.

In der Literatur[52] wird empfohlen die durchschnittlichen Kosten pro Kontakt zu reduzieren. Jedoch ist beim Tausend-Kontakt-Preis die Inflation zu berücksichtigen[53].

---

[50] Vgl. Säufert, W.: Führen Größenvorteile auf Werbemärkten zur Medienkonzentration? Zum theoretischen Gehalt der „Anzeigen-Auflagen-Spirale", in: Medienwirtschaft 4. Jahrgang 2007, S. 48 - 60
[51] Vgl. Kloss, I.: Werbecontrolling, a.a.O., S. 143
[52] Vgl. Diers, R.: Die Balanced Scorecard als Instrument des strategischen Werbecontrolling, Stralsund 2003, S. 59, sowie: Kloss, I.: Werbecontrolling, a.a.O., S. 209

So kann das oben genannte Ziel auch durch Belegung von günstigeren Spartensendern erreicht werden oder dass entsprechend günstigere Schaltungen in der Nacht gebucht werden oder antizyklisch geworben wird, wobei Letzteres ideologieabhängig ist[54]. Deshalb ist ein Durchschnittsbenchmark nicht als strategische Zielsetzung empfehlenswert. Das bedeutet jedoch nicht, dass der Tausend-Kontakt-Preis unberücksichtigt bleiben darf, denn der Tausend-Kontakt-Preis gibt darüber Aufschluss, ob das Werbebudget effizient eingesetzt wurde. Zudem ist der Tausend-Kontakt-Preis das wichtigste Maß zur Planung und Kontrolle von Medialeistung in Deutschland[55].

Aus strategischer Sicht sollte die jährliche Steigung des Durchschnitts-TKP nicht höher als die Werbeinflation des Gesamtmarktes sein, sondern unter diesem Niveau gehalten werden. Dafür ist der TKP entsprechend zu dokumentieren und kontinuierlich zu überprüfen. Des Weiteren bildet diese Dokumentation die Grundlage für die Mediennachverhandlung und Rückvergütung.

Damit dies professionell realisiert werden kann, ist eine Etablierung einer strategischen Geschäftseinheit für Mediaverhandlungen und -einkauf notwendig. Diese Aufgaben sind prädestiniert für Mediaagenturen, die mit dieser Geschäftseinheit auch zur Reduzierung der Schaltkosten beitragen.

3.2.2 Gross-Rating-Point

Die Brutto-Reichweite in Prozent wird als Gross-Rating-Point bezeichnet. Dabei wird der Anteil der erreichten Personen – Netto-Reichweite in Prozent – mit dem Durchschnittskontakt multipliziert[56]. Eine Division der Gross-Rating-Points durch die Netto-Reichweite führt zum Durchschnittkontakt, wie folgend aufgezeigt wird.

---

[54] Vgl. Hauptkorn, B. / Mei-Pochtler: Die Schwächen der Konkurrenz nutzen, in Absatzwirtschaft Sonderausgabe 2002, S. 68 - 71, sowie: Kaplitza, G.: Das optimale Werbe-Spending, in: Absatzwirtschaft Nr. 3 / 2002, S. 88 - 910
[55] Vgl. Höfsäss, M. / Engel, D.: Praxishandbuch Mediaplanung. Berlin 2003, S. 280
[56] Vgl. Löffler, J.-T.: Fachlexikon, Stichwort Gross Rating Point, in: Axel Springer AG (Hrsg.): Media, Planung für Märkte, 7. Aufl., Hamburg 2004, S. 361

Jedoch ist der Gross-Rating-Point nur eine mathematische Größe[57] und entsprechend ein sehr grobes Maß zur Bewertung von Mediaplänen[58]. So ist die Kontaktsumme bei 200 GRPs doppelt so groß wie die Zielgruppe, was aber nicht bedeutet, dass jede Person der Zielgruppe erreicht wurde[59]. Dies ist darauf zurückzuführen, dass bei der Bruttoreichweite die interne und externe Überschneidung nicht berücksichtigt wird[60]. Zudem bestehen auch hier Schwankungen in den Tageszeiten[61], jedoch gibt der GRP Aufschluss über folgende Fragen:

- Wie hoch war das GRP-Niveau im Vorjahr?
- Auf welchen Sendern und an welchen Sendezeiten sind die GRPs verteilt?
- Wie hoch ist das GRP-Niveau des Wettbewerbs?
- Wie hoch sind die Kosten per GRP?[62]

$$GRP = \text{Netto-Reichweite (in \%)} \times \text{Durchschnittskontakte}$$

$$\text{Durchschnittskontakte} = \frac{GRP \text{ (Brutto-Reichweite in \%)}}{\text{Netto-Reichweite in \%}}$$

Unter Berücksichtigung der oben genannten Fragen können GRP als internes und externes Benchmark gehandhabt werden. Für Produktneueinführungen ist ein überdurchschnittlicher Werbedruck erforderlich, um den Bekanntheitsgrad des neuen Produkts aufzubauen. Ein weiteres Ziel eines Werbetreibenden könnte sein, den Werbedruck so zu erhöhen, dass der Share of Voice (SoV) auf einen festgelegten Wert steigt. Dafür sind im monatlichen Scanning die GRPs des Werbetreibenden und deren Wettbewerber zu ermitteln[63].

---

[57] Vgl. Kloss, I.: Werbung, a.a.O., S. 230, und: Kloss, I.: Werbecontrolling, a.a.O., S. 135, sowie: Schnettler, J. / Wendt, G.: Konzeption und Mediaplanung für Werbe- und Kommunikationsberufe. Lehr- und Arbeitsbuch für die Aus- und Weiterbildung, a.a.O., S. 103 ff.
[58] Vgl. Löffler, J.-T.: Fachlexikon, Stichwort Gross Rating Point, a.a.O., S. 361
[59] Vgl. SevenOneMedia (Hrsg.): Media ABC. Das kompakte Nachschlagewerk, Stichwort GRP, 8. Aufl, o.O. 2002
[60] Vgl. Kloss, I.: Werbung, a.a.O., S. 230, sowie: Kloss, I.: Werbecontrolling, a.a.O., S. 135
[61] Vgl. Kloss, I.: Werbung, a.a.O., S. 224
[62] Vgl. Kloss, I.: Werbecontrolling, a.a.O., S. 135

3.2.3 Affinität

Die Affinität ist neben den genannten quantitativen Kriterien, wie TKP oder GRP, ein weiteres Beurteilungskriterium der Kontaktqualität. Dabei wird der Anteil der Zielgruppe – Nutzerschaft eines Werbeträgers – im Verhältnis zum Anteil der Zielgruppe an der Gesamtbevölkerung gesetzt. Dabei wird Letzteres mit 100 indiziert, so dass ein Werbeträger mit einem Index von über 100 eine überproportionale Zielgruppenaffinität signalisiert. Analog dazu ist die Zielgruppe bei einem Index von unter 100 nur unterproportional vertreten und zudem besteht dann das Risiko einer hohen Fehlstreuung.

Außerdem wird davon ausgegangen, dass mit einer hohen Affinität die Streuverluste geringer sind und desto höher auch die Zielgruppenabdeckung ist. Zudem wird angenommen, dass eine hohe Affinität in der Zielgruppe eine stärkere Bindung und Akzeptanz des Mediums mit sich bringt[64].

Die drei beschriebenen Leistungswerte sind für die Mediaplanung unabdingbar, um entsprechende Werbemittel aus den Rangreihen zu selektieren. Nicht empfehlenswert ist die Einzelbetrachtung der Leistungswerte, da ein Zusammenspiel von Affinität, GRP und TKP gegeben sein sollte. Zur Kontrolle der Werbeeffizienz ist der TKP prädestiniert. Dafür sind die Leistungswerte für jede geschaltete Werbung in den Umfeldlisten zu dokumentieren und zu überprüfen.

3.3 Cost per Rating

Wie schon im Kapitel 3.2.2 erwähnt, sind Gross-Rating-Points eine wichtige Kennzahl für das Werbecontrolling. Jedoch wurde nicht auf die Frage nach den Kosten per GRP eingegangen, weshalb sich dieses Kapitel ausführlicher mit der Kennzahl Cost per Rating (CpR) auseinandersetzt.

---

[64] Vgl. Koschnick, W. J.: Standard-Lexikon für Mediaplanung und Mediaforschung in Deutschland, Stichwort Affinität, Bd. 1 A-K, 2. Aufl., München 1995, S. 36 ff.

Eine weitere Verhältniskennzahl für das Werbecontrolling stammt aus dem anglo-amerikanischen Raum und wird als Cost per Rating[65] bezeichnet. Dabei werden die Schaltkosten mit der Bruttoreichweite (in Prozent) ins Verhältnis gesetzt und beziffern somit die Kosten für einen GRP. Entsprechend ist der Cost per Rating ein weiterer Indikator zur Wirtschaftlichkeitskontrolle von Kampagnen.

$$CpR = \frac{\text{Kosten (in Euro)}}{\text{Brutto-Reichweite (in \%)}}$$

An den GRP und entsprechend auch den CpR ist ähnliche Kritik zu äußern wie bei dem TKP. In den Abendzeiten werden in der Regel hohe Bruttoreichweiten erzielt, jedoch sind die Kosten dafür höher als tagsüber. Deshalb ist es auch hier sinnvoll die Verteilung der GRPs und CpR nach Zeiten und Sendern zu betrachten[66].

Die Kosten-Leistungs-Werte TKP und CpR korrelieren zueinander, weil wie beim TKP im Zähler/Nenner die Kosten/Bruttoreichweite steht. Das heißt, je höher die Bruttoreichweite ausfällt, um so günstiger wird die Zielgruppe erreicht und umgekehrt[67]. Die Korrelation wird in Abbildung 3-3 anhand eines Zahlenbeispiels deutlich gemacht.

Abbildung 3-3: Korrelation zwischen Kosten-Leistungs-Werten

	UniSpiegel	Unicum Campus	Neon	Unicum Beruf
Schaltkosten für 1/1 4c	12.700,00	18.823,00	14.200,00	11.053,00
TKP	59,74	60,43	86,78	99,48
Reichweite (in %)	12,1	17,7	9,3	6,3
Reichweite (in Mio.)	0,21	0,31	0,16	0,11
Affinität	1.483	1.933	889	1.379
CpR	1049,59	1063,45	1526,88	1754,44

Quelle: eigene Darstellung; Werte basieren auf Werbeträgerbasis, ZDF: AWA 2007

[65] Vgl. Höfsäss, M. / Engel, D.: Praxishandbuch Mediaplanung, a.a.O., S. 281
[66] Vgl. Kloss, I.: Werbecontrolling, a.a.O., S. 224
[67] Vgl. Höfsäss, M. / Engel, D.: Praxishandbuch Mediaplanung, a.a.O., S. 225

Entsprechend ist hier ein Wert festzulegen, wie viel Euro maximal investiert werden sollen, um einen Gross-Rating-Point zu erreichen. Dieser Wert geht aus empirischen Untersuchungen der Vorjahre hervor. Wie schon in Kapitel 3.2.1 erwähnt, sollte das jährliche Steigungsmaß dieser Wirtschaftlichkeitskennzahl nicht höher als die Werbeinflation ausfallen.

Die hier beschriebenen Leistungswerte werden nicht nur für die Mediaplanung benutzt, sondern auch zur ex post Kontrolle. Dabei werden die Leistungswerte (TKP, GRP absolut und prozentual sowie die Affinität) in eine Umfeldliste übertragen. Anhand der Umfeldliste kann jede Werbeschaltung auf die erbrachten Leistungswerte überprüft und beurteilt werden[68]. Empfehlenswert für die Mediaverhandlung ist eine Festsetzung von bestimmten Leistungswerten, die von den Mediahäusern zu erfüllen sind. Bei Nichterfüllung dient die Überprüfung der Leistungswerte auch für die Nachverhandlung, bei der die Rückvergütung festgelegt wird.

3.4 Image-Dimensionen-Kommunikations-Aktivitäten-Matrix

In den vorherigen Kapiteln wurden die Leistungswerte und die Umfeldliste in Konvergenz mit der Gewährleistung von Effizienz erläutert. Jedoch wurde bisher eines der wesentlichen Kommunikationsziele, die subjektive Wahrnehmung[69], nur un-zureichend in die Budgetierung von Kommunikation integriert. Deshalb wird hier die Image-Dimensionen-Kommunikations-Aktivitäten-Matrix (IDKAM[70]) dargestellt.

Wie schon aus dem Namen hervorgeht, orientiert sich die IDKAM primär an der Zielgröße Image, aber auch am Finanzbudget. Dabei werden folgende Annahmen zugrunde gelegt:

Markenpositionierung: Wie im Kapitel 2.3.1 und 2.3.2 bereits beschrieben, ist die Positionierung und Copy-Strategy „Grundlage jeglicher produktbezogener Kommuni-

---

[69] Vgl. Liebl, Ch.: Mehr Strahlkraft für die Marke durch Kommunikations-Controlling, in: Absatzwirtschaft Nr. 10 / 2004, S. 62 - 68
[70] Auch als Image-Dimensionen-Kommunikations-Instrumente-Matrix (IDKIM) bezeichnet

kation"[71]. Durch die Vermittlung von spezifischen und relevanten Bedeutungsinhalten, die mit der Marke assoziiert werden, ist der Auf- und Ausbau von Markenimages möglich.

Die Marke *Mercedes-Benz* wird unter anderem mit folgenden Image-Dimensionen in Verbindung gebracht: ´Qualität´, ´Zuverlässigkeit´, ´Sicherheit´, ´Prestige´ und ´Sportlichkeit´[72]. Hier wird deutlich, dass Imagekomponenten interagieren und entsprechend sind Änderungen sorgfältig vorzunehmen[73].

Integrierte Kommunikation: Das Erreichen einer effektiven und effizienten Vermittlung von Kommunikationsinhalten ist nur durch eine integrierte Kommunikation möglich. Dabei werden unterschiedliche Instrumente der Kommunikationspolitik (vgl. Abbildung 3-4) angewendet, um mit den jeweiligen Zielgruppen zu kommunizieren. Dadurch können – bei gleich bleibend gestalteten Kommunikationsmitteln – Image-Dimensionen und das Brand Design einer Marke richtig zugeordnet werden[74].

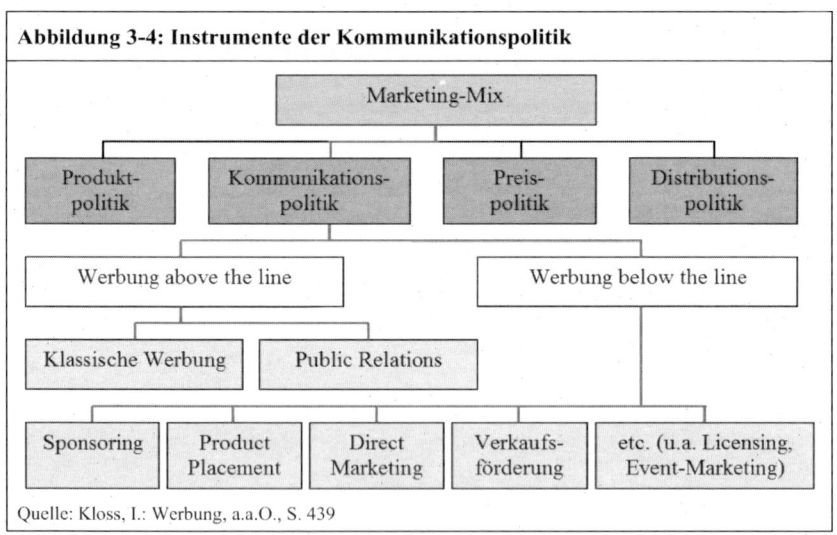

Abbildung 3-4: Instrumente der Kommunikationspolitik

Quelle: Kloss, I.: Werbung, a.a.O., S. 439

---

[71] Kloss, I.: Der Buridanische Esel heute, a.a.O., S. 509 - 511
[72] Vgl. Liebl, Ch.: Imagewerbung: Stärken und Schwächen aufdecken, in: Absatzwirtschaft Nr. 11 / 2004, S. 34 - 39
[73] Vgl. Kloss, I.: Werbung, a.a.O., S. 148, sowie: Kloss, I.: Werbecontrolling, a.a.O., 196
[74] Vgl. Liebl, Ch.: Imagewerbung: Stärken und Schwächen aufdecken, a.a.O., S. 34 - 39

Kommunikations-Mix: Die klassische Werbung ist noch immer das effektivste und effizienteste Instrument zur Erhöhung der Markenbekanntheit und zum Auf- und Ausbau von Images geeignet. Parallel dazu werden die Imagekomponenten durch Public Relations und anderen Werbung below the line-Aktivitäten ergänzt. Der dadurch erzeugte Kaufwunsch beim Konsumenten wird im Zuge der Angebotskommunikation zusätzlich verstärkt und wird so zum Verkaufsabschluss gelenkt.

Die erfolgreiche Umsetzung erfordert eine Verknüpfung von empirischen Erkenntnissen aus der Werbewirkungsforschung und der strategiekonformer Kreativität[75].

Positionierungsbezogene Budgetierung: Bisherige Budgetierungsmethoden für Kommunikation sind entweder mathematisch-komplexe Modelle[76], die sich nicht praxisgerecht erweisen, oder einfache Faustregeln. Jedoch werden letztere den strategischen Anforderungen der Kommunikation nicht gerecht.

Die positionierungsbezogene Budgetierung betrachtet sowohl die Image-Dimensionen als auch parallel dazu die einzusetzenden Instrumente der Kommunikationspolitik. Die Investitionen pro Image-Dimension richten sich an die Bedeutung der Kaufentscheidung und den Ausprägungsgrad der Wahrnehmung aus Sicht der Zielpersonen. Die Investitionen pro Kommunikationsinstrument hingegen richten sind nach dem potenziellen Zielbeitrag.

Die parallele Bestimmung der Teilaspekte Image-Investition und Instrumente-Investition führt so zu einer strategischen Ausrichtung des Kommunikationsbudgets[77].

Image-Tracking: Die Image-Veränderung wird durch einen direkten Wettbewerbsvergleich ermittelt. Dafür wird eine kontinuierliche und repräsentative Umfrage bei den Verbrauchern durchgeführt. Das Erhebungsintervall – ein- bis zweijähriger Rhythmus – gibt Aufschluss über Wirkungseffekte und liefert Ergebnisse zur Interpretation von Ursache-Wirkungs-Beziehungen.

---

[75] Vgl. Liebl, Ch.: Imagewerbung: Stärken und Schwächen aufdecken, a.a.O., S. 34 - 39
[76] Vgl. Steich, M.: Werbebudgetierung im internationalen Marketing. Ein modelltheoretischer Ansatz, in: Marketing ZFP, Heft 4, 4. Quartal 1997, S. 233 - 246
[77] Vgl. Liebl, Ch.: Imagewerbung: Stärken und Schwächen aufdecken, a.a.O., S. 34 - 39

Da jede einzelne Image-Dimension durch die Kommunikationsinstrumente und andere Aktivitäten beeinflusst wird, ist das Image-Tracking durch ein Tracking der Kommunikationsinstrumente zu ergänzen. Zudem ist noch das Werbe-Tracking [78] zu erwähnen, welches drei- bis viermal pro Jahr erfolgen sollte. Dabei werden Werbemittel dahingehend analysiert, ob der Botschaftstransport bei den Probanden erfolgreich war.

Kommunikations-Informationssystem: Das Werbecontrolling agiert als Informationsplattform, in der relevante Informationen vorliegen, welche für die kommunikative Entscheidungsfindung erforderlich sind. Die Informationen beinhalten Daten

- aus der Marktforschung zur Werbewirkung sowie
- aus dem Rechnungswesen und den Kommunikationsabteilungen hinsichtlich der Allokation und der Streuung der einzelnen Aktivitäten und
- die ableitbaren Input-Output-Relationen.

Somit berücksichtigt die Image-Dimensionen-Kommunikations-Aktivitäten-Matrix Aspekte der Markenführung und ermöglicht somit einen Überblick zu relevanten Image-Dimensionen. Außerdem wird ein Beitrag zur Schaffung von Transparenz bei den kommunikativen Aktivitäten geleistet[79].

3.4.1   Integrierte Kommunikation und Budgetierung

Wie aus der Abbildung 3-5 hervorgeht, werden in den Spalten der IDKAM die Image-Dimensionen der Markenpositionierung aufgeführt. In den Zeilen werden die Instrumente gelistet, welche für die Zielerreichung erforderlich sind. Dabei werden sämtliche Aktivitäten untergeordnet[80]. Im vorliegenden Beispiel werden ein Fernseh-Spot und sechs Anzeigenschaltungen in Publikumszeitschriften der klassischen Werbung zugeordnet.

---

[78] ausführlich in: Verband Deutscher Zeitschriftenverleger (Hrsg.): Wie Werbung wirkt, Eye Tracking, Die Kunst des Augenblickes, Bd. 6, Berlin 2007, sowie: Schlesiger, O.: Tracking – Der Werbewirkung auf der Spur?, in: Planung & Analyse 3 / 2002, S. 58 – 62 und: Behrendt, C. / Splanemann, G.: Kann die Wirksamkeit von Anzeigen verifiziert werden?, in: Planung & Analyse 2 / 2005, S. 26 - 30

[79] Vgl. Liebl, Ch.: Imagewerbung: Stärken und Schwächen aufdecken, a.a.O., S. 34 - 39

[80] Vgl. a.a.O.

Abbildung 3-5: Anwendung der IDKAM (unter Berücksichtigung der Spendings)

Kommunikative Aktivitäten	Image-Dimensionen	Qualität	Sicherheit	Zuverlässigkeit	Komfort	Innovation	Individualität	Styling	Sportlichkeit	Umweltverhaltung	Kundenumgang	Prestige	Spending je kommunikativer Aktivität (Mio. €)
Klassische Werbung		2,7			2,2			6,7				11,6
TV-Spot "Trick"		0,2			0,3			3,3				3,8
PZ-Anzeige "Frau"								2,1				2,1
PZ-Anzeige "Mann"								0,9				0,9
PZ-Anzeige "Tiefs"		0,9			0,4							1,3
PZ-Anzeige "Spikes"		0,3			0,5			0,3				1,1
PZ-Anzeige "Bremsassistent"		1,2			0,1							1,3
PZ-Anzeige "Turbodiesel"		0,1			0,9			0,1				1,1
...		...			...			...				
Public Relations												y_1
Messen und Ausstellungen												y_2
Events												y_3
Sponsoring												y_4
Motorsport-Engagement												y_5
Product Placement												y_6
Spending je Image-Dimension (Mio. €)		x_1	x_2	x_3	x_4	x_5	x_6	x_7	x_8	x_9	x_{10}	x_{11}	$\sum y = \sum x$

Kommunikativer Input

Geldmenge (Mio €)

Integrierte Kommunikation

Budgetierung

Quelle: Liebl, Ch.: Kommunikations-Controlling. Ein Beitrag zur Steuerung der Marketing-Kommunikation am Beispiel der Marke Mercedes-Benz, Wiesbaden 2003, S. 325

Die oben genannten Werbemittel sollen entsprechend auf die Image-Dimensionen `Sicherheit´, `Innovation´ und `Sportlichkeit´ ausgerichtet sein. Zudem kann auch auf gewisse Schwerpunkte einer Dimension und der entsprechenden Zielgruppe gesetzt werden. So wird im vorliegenden Beispiel die Dimension `Sportlichkeit´ bei `Mann´ und `Frau´ in Publikumszeitschriften thematisiert. Dafür ist bei den Männern ein Budget von 0,9 Millionen Euro und bei den Frauen in Höhe von 2,1 Millionen Euro vorgesehen, welches ausschließlich für den Ausbau dieser Image-Dimension dient. Die Summe ergibt die Höhe des Werbebudgets für klassische Werbung je Image-Dimension. So werden für fünf Werbemittel 2,7 Millionen Euro für die Dimension `Sicherheit´ investiert. Die Summe der drei Image-Dimensionen ergibt somit das Werbeetat für die klassische Werbung und beträgt in diesem Fall 11,6 Millionen Euro[81].

---

[81] Vgl. Liebl, Ch.: Kommunikations-Controlling. Ein Beitrag zur Steuerung der Marketing-Kommunikation am Beispiel der Marke Mercedes-Benz, a.a.O., S. 325 f.

3.4.2 Wirkungsanalyse der Kommunikation

Nachdem im vorherigen Kapitel die Inputgrößen (in Form von Geld- und Kontaktmengen) für die integrierte Kommunikation aufgeteilt wurden, sollen in diesem Kapitel die Outputgrößen der kommunikativen Aktivitäten erörtert werden.

Als Outputgröße der IDKAM wird in den Zellen die Prozentangabe für den erfolgreichen Botschaftstransport eingetragen. Dabei wird die Frage beantwortet, welchen Beitrag die kommunikativen Aktivitäten je Image-Dimension geleistet haben. Daraus lässt sich ableiten, ob die Rezipienten die kommunikative Hauptaussage verstanden haben. Für die zeilenmäßige Analyse der IDKAM kann als Outputgröße sowohl die Wiedererkennung als auch die Werbeerinnerung verwendet werden[82].

Abbildung 3-6: Anwendung der IDKAM (unter Berücksichtigung von Botschaftstransport und Recognition)

Kommunikativer Output — Botschaftentransport (%)

Image-Dimensionen

Kommunikative Aktivitäten	Qualität	Sicherheit	Zuverlässigkeit	Komfort	Innovation	Individualität	Styling	Sportlichkeit	Umwelterhaltung	Kundenumgang	Prestige	Recognition je kommu-kativer Aktivität (%)
Klassische Werbung												
TV-Spot "Trick"	10				16			37				46
PZ-Anzeige "Frau"								23				28
PZ-Anzeige "Mann"								21				12
PZ-Anzeige "Tiefs"	48				21							16
PZ-Anzeige "Spikes"	19				37			21				9
PZ-Anzeige "Bremsassistent"	54				5							22
PZ-Anzeige "Turbodiesel"	5				37			8				26
...												
Public Relations												
Messen und Ausstellungen												
Events												
Sponsoring												
Motorsport-Engagement												
Product Placement												
Ausprägungsgrad je Image-Dimension (Skaleneinheit)	146 Δ32				139 Δ27			119 Δ24				

Traking der Kommunikations-Instrumente

Image-Traking

Quelle: Liebl, Ch.: Kommunikations-Controlling. Ein Beitrag zur Steuerung der Marketing-Kommunikation am Beispiel der Marke Mercedes-Benz, a.a.O., S. 327

---

[82] Vgl. Liebl, Ch.: Kommunikations-Controlling. Ein Beitrag zur Steuerung der Marketing-Kommunikation am Beispiel der Marke Mercedes-Benz, a.a.O., S. 326

Auf diese Weise lässt sich erkennen, ob die Aussage der kommunikativen Aktivitäten von den Rezipienten wiedererkannt oder erinnert wurde. Dies ermöglicht den Beitrag jeder einzelnen Aktivität für die Veränderung des Images nachzuvollziehen[83].

Aus Abbildung 3-6 geht hervor, dass die Anzeigen 'Tiefs' und 'Bremsassistent' bei der Image-Dimension 'Sicherheit' hohe Prozentangaben (48 und 54) für den Botschafts-transport aufweisen. Zudem ist in dieser Dimension ein hoher Veränderungsgrad (Δ 32) gegenüber dem Vorjahr ersichtlich. Das Kommunikations-Controlling erhält, bei Betrachtung sämtlicher Zellen der IDKAM, essentielle Informationen zur Erklärung von Image-Veränderungen[84].

Die aus der IDKAM resultierenden Informationen leisten somit einen Beitrag für die Planung, Steuerung und Kontrolle von kommunikativen Maßnahmen. Die Planung fokussiert sich auf die Budgetierung, die Ausrichtung der integrierten Kommunikation und den Priorisierungen der Image-Dimensionen. Bei der Kontrolle werden die Ergebnisse des Image-Monitoring sowie des Monitoring der Instrumente aus der Kommunikationspolitik ausgewertet und hinterfragt. Somit kann eine systematische Detailanalyse ausgeführt werden, wodurch Stärken und Schwächen der kom-munikativen Umsetzung aufgedeckt werden. Hierfür ist ein Soll-Ist-Vergleich zu empfehlen. Die Stärken und Schwächen der kommunikativen Umsetzung liefern zudem Anhaltspunkte, die die Steuerung der Kommunikation ermöglichen[85].

Die zuvor beschriebenen Leistungswerte werden nicht in der IDKAM berücksichtigt. Deshalb sei hier darauf hingewiesen, dass die Leistungswerte jeder Werbeschaltung in der Umfeldliste zu überprüfen sind. Eine Kombination von IDKAM und Umfeldliste sollte nicht ausgeschlossen werden.

---

[83] Vgl. Liebl, Ch.: Imagewerbung: Stärken und Schwächen aufdecken, a.a.O., S. 34 - 39
[84] Vgl. Liebl, Ch.: Kommunikations-Controlling. Ein Beitrag zur Steuerung der Marketing-Kommunikation am Beispiel der Marke Mercedes-Benz, a.a.O., S. 326
[85] Vgl. a.a.O., S. 321 ff.

4 Die Kundenperspektive

Die Leitfrage der Kundenperspektive lautet: „Wie müssen wir unseren Kunden begegnen, um unsere Vision zu verwirklichen?"[86]

Das Hauptaugenmerk dieser Perspektive richtet sich auf die Kunden- und Marktsegmente, in denen der Werbetreibende agiert. Wichtige Ziele sind dabei der Marktauftritt und die Marktpositionierung eines Unternehmens.

Dabei werden allgemeine und spezifische Kennzahlen unterschieden. Allgemeine Kennzahlen, die den Erfolg einer Strategie messen, sind beispielsweise Marktanteile, Kundentreue und -zufriedenheit. Spezifische Kennzahlen definieren sich zum Beispiel über die Lieferpünktlichkeit und die Reaktionsgeschwindigkeit auf Kundenwünsche[87].

Damit auch die Kundenperspektive strategisch ausgerichtet werden kann, ist die Zielgruppe genau zu definieren. Dafür wird die Marketing-Zielgruppe herunter gebrochen auf die Media-Zielgruppe. In diesem Zusammenhang sind folgende Fragen zu klären:

- Wer sind die Zielkunden?
- Wie und wo ist die Zielgruppe erreichbar?
- Wie kann unter anderem die Zufriedenheit gemessen werden?[88]

Die Definition und das Erkennen der Zielgruppe ist eine der größten Herausforderungen, denn potenzielle und existierende Kundengruppen sind nicht homogen. Für die Mediaplanung sollte die Zielgruppe nicht nur homogen, sondern auch operationalisierbar sein. Die Zielgruppenbeschreibung kann entweder nach psychologischen oder nach sozidemografischen Merkmalen erfolgen[89]. In diesem Zusammenhang wird im Rahmen dieser Arbeit auf die Funnelanalyse und das Semantische Netzwerk eingegangen.

---

[86] Vgl. Kaplan, R. S. / Norton, D. P.: Die strategiefokussierte Organisation. Führen mit der Balanced Scorecard, Stuttgart 2001, S. 70
[87] Vgl. Horváth & Partner (Hrsg.): Balanced Scorecard umsetzen, a.a.O., S. 27
[88] Vgl. Kaplan, R. S. / Norton, D. P.: Die strategiefokussierte Organisation. Führen mit der Balanced Scorecard, a.a.O., S. 71
[89] Vgl. Kloss, I.: Werbung, a.a.O., S. 157 ff.

4.1 Die Funnelanalyse

Die Funnelanalyse ist eine Kennzahlenbatterie, die als Stufenmodell aufgebaut ist. In der Sekundärliteratur[90] wird teilweise sowohl vom Kommunikationstrichter, Brand Funnel, Kaufprozessanalyse oder auch von Pipeline gesprochen. Dabei wird davon ausgegangen, dass die Werbebotschaft Teilwirkungen in einer festgesetzten Reihenfolge auslöst. Diese These ist auf die von Elmo Lewis entwickelte AIDA-Formel – Attention, Interest, Desire, Action – zurückzuführen[91].

Durch regelmäßige Evaluierung von Werbemaßnahmen kann mit Hilfe einer Funnelanalyse Transparenz hinsichtlich des Budgets geschaffen werden, ein Benchmark zum relevanten Wettbewerb zeichnet die Stärken und Schwächen sowie Lücken auf. Zudem können aus diesen Ergebnissen Empfehlungen zur Maßnahmen- und Budgetoptimierung abgeleitet werden[92].

Dafür ist zuerst ein Stufenmodell zu wählen, welches den Werbetreibenden entspricht. So existieren Modelle mit vier Wirkungsstufen bis hin zu Modellen mit acht Wirkungsstufen[93]. Nachdem ein Modell gewählt wurde, sind die entsprechenden Kennzahlen für die eigene Marke und die der Wettbewerber zu erheben. Anschließend sind die operativen und strategischen Zielsetzungen zu äußern. So ist das operative Ziel eines Dienstleistungsunternehmens bis Ende 2008 in allen Wirkungsstufen zu den Top 5 aufzusteigen[94]. Das strategische Ziel lautet die Nummer zwei der Branche zu werden.

Im Folgenden werden die fünf Messgrößen des Brand Funnel von der Unter-nehmensberatung *McKinsey* genauer dargestellt.

---

[90] Vgl. Pietralla, J.-T. / Bachem, R.: Kleinere Budgets, größere Wirkung, in: Absatzwirtschaft Sonderausgabe 2002, S. 72 - 76, sowie: Feldmann, K. / Tiemann, F. M.: Handel. Wie Kundenpotenziale in Käufer umgewandelt werden, in: Absatzwirtschaft Nr. 1 / 2003, S. 42 - 45, und: Howaldt, K. / Meurer, J.: Wie Marketing im Aufschwung eine neue Qualität gewinnt, in: Absatzwirtschaft Nr. 4 / 2004, S. 24 - 28

[91] Vgl. Janßen, V.: Einsatz des Werbecontrolling. Aufbau, Steuerung und Simulation einer Werblichen Erfolgskette, Wiesbaden 1999, S. 21

[92] Vgl. Schuwirth, S. / Packenius, D.: Audis neues Planungs-Tool. Antworten auf die Gretchen-Fragen des Marketing, in: Ansatzwirtschaft Sonderheft 2004, S. 128

[93] Vgl. Janßen, V.: Einsatz des Werbecontrolling. Aufbau, Steuerung und Simulation einer Werblichen Erfolgskette, a.a.O., S. 22

Abbildung 4-1: Brand Funnel

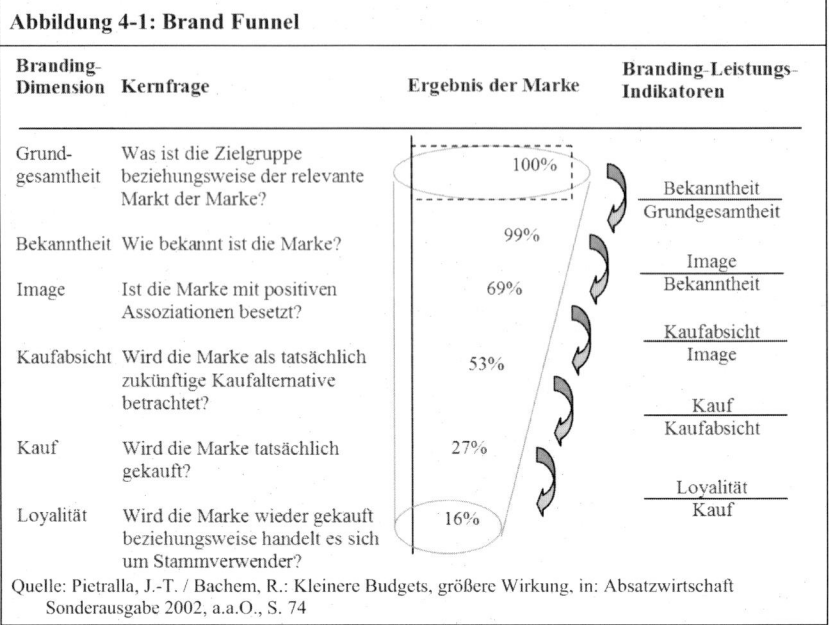

Branding-Dimension	Kernfrage	Ergebnis der Marke	Branding-Leistungs-Indikatoren
Grund-gesamtheit	Was ist die Zielgruppe beziehungsweise der relevante Markt der Marke?	100%	Bekanntheit / Grundgesamtheit
Bekanntheit	Wie bekannt ist die Marke?	99%	Image / Bekanntheit
Image	Ist die Marke mit positiven Assoziationen besetzt?	69%	Kaufabsicht / Image
Kaufabsicht	Wird die Marke als tatsächlich zukünftige Kaufalternative betrachtet?	53%	Kauf / Kaufabsicht
Kauf	Wird die Marke tatsächlich gekauft?	27%	Loyalität / Kauf
Loyalität	Wird die Marke wieder gekauft beziehungsweise handelt es sich um Stammverwender?	16%	

Quelle: Pietralla, J.-T. / Bachem, R.: Kleinere Budgets, größere Wirkung, in: Absatzwirtschaft Sonderausgabe 2002, a.a.O., S. 74

Die erste Kennziffer im Brand Funnel ist die Markenbekanntheit. Dabei ist zwischen der gestützten und der ungestützten Markenbekanntheit zu unterscheiden. Die gestützte Markenbekanntheit wird durch die Vorlage von Gedächtnisstützen ermittelt, die ungestützte Markenbekanntheit erfolgt hingegen ohne Hilfestellungen, weshalb der Wert auch deutlich unter dem Wert der gestützten Bekanntheit liegt. Aus diesem Grund ist der ungestützte Bekanntheitsgrad der statistisch härtere Wert[95].

Die zweite Messgröße ist die Reputation, welche die Erwartungen und Erfahrungen über die Vertrauenswürdigkeit der Marke widerspiegelt[96]. Voraussetzung dafür ist, dass die Marke bereits bekannt ist.

Die dritte Kennzahl ist die Kaufabsicht, die aufdeckt, wie viele der Personen den Kauf der Marke in Erwägung ziehen. Grundvoraussetzung dafür ist die oben genannte Reputation.

[95] Vgl. Poth, L. G. / Poth, G. S.: Gabler Kompakt-Lexikon Marketing, 2. Aufl, Wiesbaden 2003, S. 39
[96] Vgl. Backhaus, K.: Industriegütermarketing, 7. Aufl., München 2003, S. 688

Die vierte Kennziffer fasst die Käufer der Marke zusammen. Dabei werden zum einen Käufer in Erwägung gezogen, für die die Marke eine zusätzliche Wahl darstellt und zum anderen Käufer, für die die Marke erste Wahl ist.

Als letzte Kennziffer wird die Loyalität genannt, die sich aus der Treue der Kunden gegenüber der Marke zusammensetzt. Dafür werden Fragen zur Markenzufriedenheit, zusätzlichen Leistungen, Weiterempfehlung, Kauf- und Wiederkaufverhalten gestellt. Aus den Antworten wird neben einem Gesamtwert unter anderem auch die Weiterempfehlungsrate ermittelt[97].

Allgemeine Kritik an Stufenmodellen ist vor allem die zugrunde gelegte Reihenfolge der Wirkungsstufen, da ein solch strukturierter Durchlauf der Wirkungsstufen nicht anzunehmen ist. Tatsächlich überlagern sich die Stufen gegenseitig und weisen wechselseitige Beziehungen zueinander auf[98]. Dies ist vor allem auf exogene Faktoren zurückzuführen, so können Sonderangebote am Point of Sale direkt zum Kauf führen, ohne dass die Marke hochgradig bekannt ist. Jedoch überlagern sich solche Gegebenheiten nur kurzfristig[99].

Angesichts der Mängel aller Stufenmodelle ist eine Differenzierung des Wirkungs-ablaufes nach den Involvementbedingungen zu berücksichtigen. Kroeber-Riel und Meyer-Hentschel entwickelten dafür ein Wirkungspfadmodell [100], welches die kognitiven und emotionalen Wirkungen sowie die Einstellung unter Berücksichtigung der Aufmerksamkeit darstellt. Da diese Modelle der Verhaltenswissenschaft beziehungsweise der Gestaltpsychologie oder Schematheorie zugeschrieben werden[101] und zudem sehr umfangreich sind, wird von einer ausführlichen Behandlung hier abgesehen.

---

[97] Vgl. Arnold, H. / Deuringer, Ch.: Markenbewertung als strategische Herausforderung: Das Beispiel der Allianz Group, in: Pfannenberg, J / Zerfaß, A. (Hrsg.) Wertschöpfung durch Kommunikation. Wie Unternehmen den Erfolg ihrer Kommunikation steuern und bilanzieren, Frankfurt a.M. 2005, S. 177 f.
[98] Vgl. Janßen, V.: Einsatz des Werbecontrolling. Aufbau, Steuerung und Simulation einer Werblichen Erfolgskette, a.a.O., S. 23
[99] Vgl. Kloss, I.: Werbung, a.a.O., S. 80
[100] Vgl. Kroeber-Riel, W. / Meyer-Hentschel, G.: Werbung - Steuerung des Konsumentenverhaltens, Würzburg 1982, S. 49 - 58
[101] Vgl. Janßen, V.: Einsatz des Werbecontrolling. Aufbau, Steuerung und Simulation einer Werblichen Erfolgskette, a.a.O., S. 23

4.1.1 Bekanntheit

Wie schon erwähnt ist die erste Kennziffer im Brand Funnel die Markenbekanntheit, denn erst mit ausreichend Bekanntheit können sich Einstellungen und Images herausbilden[102]. Doch bevor willkürlich eine Zielgröße vorgegeben wird, sollte das Kommunikations-Controlling die Markenbekanntheit ermitteln.

Als Datenerhebungsmethode eignet sich vor allem die Befragung, die schriftlich, telefonisch, persönlich und auch online durchgeführt werden kann[103]. Dabei wird im ersten Schritt der Wissensstand der Zielgruppe anhand einer Bekanntheitsskala gemessen. Im zweiten Schritt wird tiefgründiger gefragt, wie beliebt das Produkt bei denjenigen ist, die das Produkt kennen. Die Messung erfolgt mit Hilfe einer Beliebtheitsskala[104], welche auch in Abbildung 4-2 dargestellt ist.

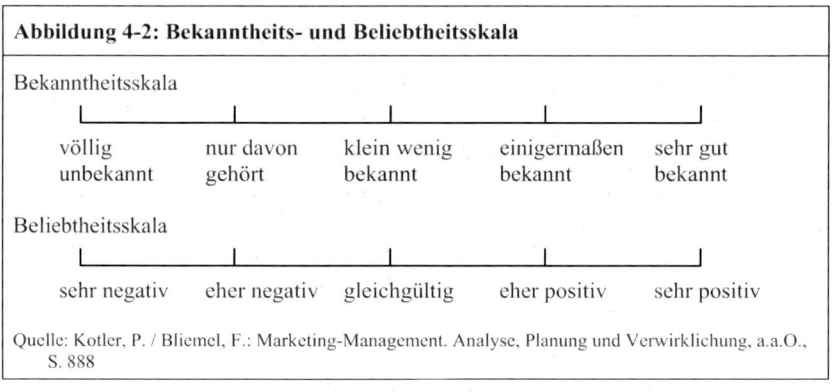

Abbildung 4-2: Bekanntheits- und Beliebtheitsskala

Bekanntheitsskala

| völlig unbekannt | nur davon gehört | klein wenig bekannt | einigermaßen bekannt | sehr gut bekannt |

Beliebtheitsskala

| sehr negativ | eher negativ | gleichgültig | eher positiv | sehr positiv |

Quelle: Kotler, P. / Bliemel, F.: Marketing-Management. Analyse, Planung und Verwirklichung, a.a.O., S. 888

Bei einer Erhebung im Multichannel, das heißt bei der Durchführung mehrerer Befragungsformen, sei jedoch angemerkt, dass die Ergebnisse Unterschiede aufweisen. So wurden bei einer Messung der Markenbekanntheit der Marke *Löwensenf* unter gleichen Bedingungen folgende Unterschiede zwischen der Online- und Telefonbefragung festgestellt. Bei der Onlinebefragung beträgt die ungestützte Bekanntheit 55,3 Prozent und bei der telefonischen Befragung nur 43,3 Prozent. Hingegen ist die

---

[102] Vgl. Meffert, H.: Marketing – Grundlagen marktorientierter Unternehmensführung – Konzepte – Instrumente – Praxisbeispiele, a.a.O, S. 680
[103] Vgl. Kotler, P. / Bliemel, F.: Marketing-Management. Analyse, Planung und Verwirklichung, a.a.O., S. 208 ff
[104] Vgl. a.a.O., S. 888

gestützte Bekanntheit, sowohl bei der online als auch bei der telefonischen Befragung annähernd gleich. Zurückzuführen ist das unter anderem auf die unterschiedliche Nutzung der Medien in der Zielgruppe[105].

Für das Kommunikations-Controlling bedeutet dies, dass die Erhebungsmethode/n und die dazugehörigen Skalen festgelegt und benutzt werden. Von einem Vergleich der Ergebnisse einer Onlinebefragung mit den Ergebnissen einer Telefonbefragung ist abzuraten.

Anhand der gewonnenen Daten der Markenbekanntheit und -beliebtheit besteht zudem die Möglichkeit eine Imageanalyse durchzuführen, die in Abbildung 4-3 illustriert wird.

Abbildung 4-3: Imageanalyse anhand von Bekanntheit und Beliebtheit

	B	A
Beliebtheitsskala	wenig bekannt, doch beliebt	positiv bekannt
	C wenig bekannt und mit Negativimage behaftet	D negatives Image und jeder weiß davon!

Bekanntheitsskala

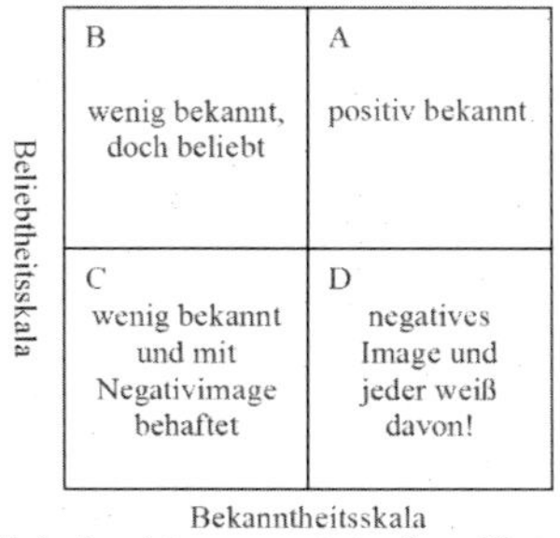

Quelle: Kotler, P. / Bliemel, F.: Marketing-Management. Analyse, Planung und Verwirklichung, a.a.O., S. 889

Nachdem die Daten aus der Evaluierung in die Imageanalyse übertragen wurden, kann eine Handlungsempfehlung geäußert werden. Im Feld A ist die Marke nicht nur sehr bekannt, sondern auch sehr beliebt. Sofern sich die Marke im Feld B befindet, könnte das Ziel lauten, die Bekanntheit so zu erhöhen, um bei der nächsten Umfrage im Feld A positioniert zu sein. Dafür ist der Werbedruck (GRP) entsprechend zu erhöhen. Bei der Positionierung im Feld C sollte vordergründig das Image verbessert werden und dann entsprechend der Bekanntheitsgrad aufgebaut werden. Ansonsten besteht die Gefahr mit einem negativen Image bei jedem bekannt zu sein, wie es im Feld D der Fall ist. Hier ist ein besonderes Augenmerk auf das Image zu setzen, das heißt, das Image zu messen,

---

[105] Vgl. Niebrügge, S. / Hagemann, K. / Nelke, K. (2002): Messung der Markenbekanntheit. Vergleich Online- mit telefonischer Befragung, in Planung & Analyse 2 /2002, S. 30 - 33

Lücken zu identifizieren und dann positiv auszurichten. Ausführlicher wird das Image im nächsten Kapitel behandelt. Ob die entsprechenden Maßnahmen Wirkung zeigen, ist durch eine weitere Messung der Bekanntheit und Beliebtheit möglich. Dabei ist darauf zu achten, dass bei der Umfrage die gleiche/n Erhebungsmethode/n gewählt werden, sowie dass die Fragen identisch sind und die Stichprobengröße repräsentativ.

4.1.2 Image

Der Begriff „Image" wird auch mit den Worten Wahrnehmung, Vorstellungen, Ideen und Gefühle umschrieben. Zudem ist das Image eine subjektive Auffassung von Personen, die eine gewisse Vorstellung von einer Gegebenheit besitzen. Das bedeutet jedoch, nicht dass das Vorstellungsbild bewusst geäußert wird, denn auch andere Indikatoren (Nation, Gesellschaft, Kultur, Ideologien und andere) fließen mit in das Image ein [106]. Dies stellt eine besondere Herausforderung für internationale Werbetreibende dar[107].

Zur Messung von Images wird das von Charles E. Osgood entwickelte Semantische Differential beziehungsweise Polaritätenprofil herangezogen. Dafür wird den befragten Personen eine Liste mit gegensätzlichen Wortpaaren vorgegeben, die mit einer Rankingskala verknüpft werden[108].

Mit dem Semantischen Differential können:

- eigene Produkte mit denen der Konkurrenz verglichen werden,

- die Anforderungen eines neuen Produktes an den Beurteilungskriterien der poten-ziellen Abnehmer ausgerichtet sowie

- derzeitige Images ermittelt werden, um Stärken und Schwächen aufzudecken, die dann korrigiert werden[109].

---

[106] Vgl. Koschnick, W. J.: Standard-Lexikon für Werbung, Verkaufsförderung und Öffentlichkeitsarbeit, Stichwort Image, Bd. 1 A-K, München 1996, S. 447 ff. sowie: Pflaum, D. / Bäuerle, F. / Laubach, K.: Lexikon der Werbung, Stichwort Image, 7. Aufl., München 2002, S. 185 f.
[107] ausführlich in: Kloss, I.: Werbung, a.a.O., S. 370 ff.
[108] Vgl. Hill, W. / Rieser, I.: Marketing-Management, 2. Aufl. Bern, Stuttgart, Wien 1993, S. 501, sowie: Kloss, I.: Werbung, a.a.O., S. 148
[109] Vgl. Hill, W. / Rieser, I.: Marketing-Management, a.a.O., S. 501

Abbildung 4-4 zeigt ein vereinfachtes Markenprofil von *Porsche* in den Jahren 2003 und 2007 im Vergleich als Beispiel. Dabei ist zu erkennen, dass sich der `Kundendienst´, die `Zuverlässigkeit´ und die `Verarbeitung´ aus Sicht der Befragten verbessert hat. Hingegen ist die Beurteilung bei den `Sicherheitsstandards´ und der `fortschrittlichen Technik´ gesunken sowie auch bei der Dimension `baut umweltfreundliche Autos´. Letzteres steht mit der Ausprägung `baut sportliche Autos´ im Zielkonflikt, das als Kernkompetenz von *Porsche* gilt.

Für das Kommunikationscontrolling bedeuten diese Defizite, dass vor allem an den Image-Dimensionen `fortschrittliche Technik´ und `Sicherheitsstandards´ entsprechende Maßnahmen zu entwickeln sind. Bei der Dimension `baut sportliche Autos´ – in Abbildung 4-4 nicht berücksichtigt – hat *Porsche* nur marginale Defizite aufzuweisen. Wird die Untersuchung des *Motorpresse-Verlag* tiefgründiger analysiert, ist festzustellen, dass im Jahr 1998 in 15 europäischen Ländern bei dem Merkmal `baut sportliche Autos´ *Porsche* zugeordnet wurde[110]. In der aktuellen Studie von 2007 ist das nicht mehr der Fall[111]. Dies ist unter anderem auf die Unterschiede in den jeweiligen Nationen, deren Gesellschaft, Kultur und Ideologien zurückzuführen, was für internationale Werbetreibende eine besondere Herausforderung darstellt[112].

Nachdem geklärt ist, welche Image-Dimensionen verändert werden sollen, ist die IDKAM darauf auszurichten und im Anschluss der Kampagne erneut ein Markenprofil zu erstellen. Erst daraus wird ersichtlich, ob die getroffenen Maßnahmen effektiv waren. Anzumerken sei, dass Änderungen einzelner Image-Dimensionen auch Einfluss auf andere Dimensionen haben. Ein Zielkonflikt könnte entstehen, wenn *Porsche* als Sportwagenhersteller versucht die Facette `baut umweltfreundliche Autos´ auszubauen.

[110] Vgl. Motorpresse-Verlag (Hrsg.): Die besten Autos 1998, Stuttgart 1998, S. 22. f., in: Kloss, I.: Werbung, a.a.O., S. 404
[111] Vgl. Motorpresse-Verlag (Hrsg.): Die besten Autos 2007, Stuttgart 2007, S. 45. f.
[112] ausführlich in: Kloss, I.: Werbung, a.a.O., S. 370 ff.

Abbildung 4-4: Markenprofil am Beispiel Porsche

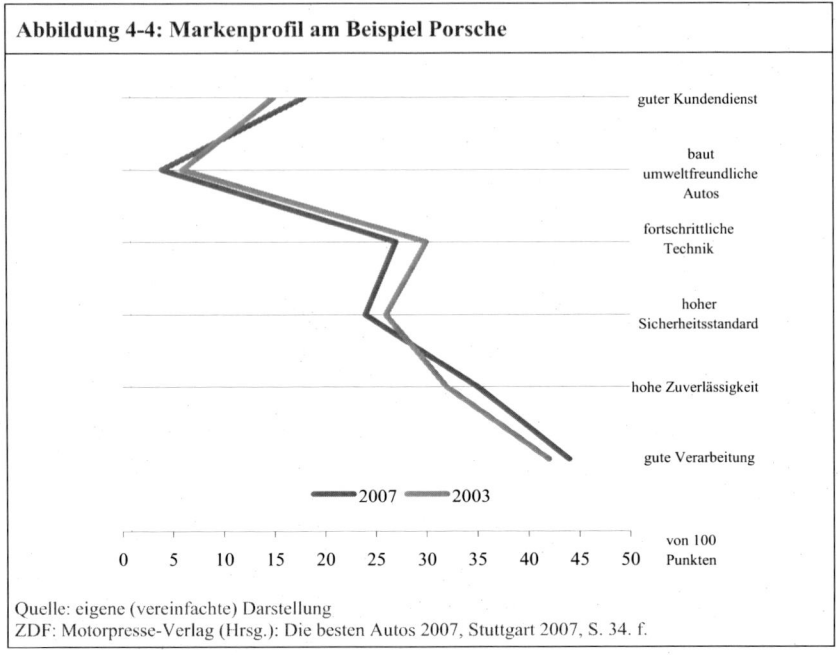

Quelle: eigene (vereinfachte) Darstellung
ZDF: Motorpresse-Verlag (Hrsg.): Die besten Autos 2007, Stuttgart 2007, S. 34. f.

Neben den Vorteilen wie der einfachen Konstruktion, Anwendung und Auswertung des Semantischen Differentials, bestehen trotzdem folgende Mängel in der Anwendung:

- Beim Nachsichtseffekt werden von den Befragten bekannte Gegenstände besser bewertet als unbekannte Objekte.
- Beim Zentralitätseffekt werden von den Befragten extreme Beurteilungen vermieden.
- Beim Haloeffekt lassen sich die Befragten von übergeordneten Sachverhalten leiten. So wird das Kölsch zur Einstellung zu Köln dominiert[113].

Letzteres könnte ein Grund dafür sein, weshalb *Porsche* in der Rubrik `baut sportliche Autos´ Einbußen zu verzeichnen hat. So wurde *Porsche* in Italien von *Alfa* abgelöst.

---

[113] Vgl. Hammann, P. / Erichson, B.: Marktforschung, 2. Aufl., Stuttgart 1990, S. 262 f.

4.1.3   Kaufabsicht

Die Kennzahl „Kaufabsicht" zeigt auf, wie viele Personen den Kauf der Marke in Erwägung ziehen. Dafür muss die Marke nicht nur ausreichend bekannt und aktuell sein, sondern beim potenziellen Käufer auch eine positive Einstellung einnehmen. Dies geschieht durch eine klar definierte Positionierung. Erst wenn die Präferenzen der Marke vom Käufer akzeptiert werden, wird schließlich auch die Marke in die engere Kaufentscheidung mit einbezogen[114]. Die engere Auswahl von Marken, die im Augenblick des Kaufes als Alternative betrachtet werden, wird in der Fachliteratur[115] als Evoked Set of Alternatives beziehungsweise als Relevant Set bezeichnet. Der Umfang hängt davon ab, wie viele Marken im Produktumfeld vorhanden sind und auch von der Austauschbarkeit untereinander[116]. In der aktuellen Studie des *Motorpresse-Verlag* geht hervor, dass 11,1 verschiedene Automarken spontan genannt werden[117], bei Pfefferminzbonbons wird sich lediglich an 1,5 Marken spontan erinnert[118].

Marken, die außerhalb des Relevant Set liegen, werden nicht als Kaufalternative in Betracht gezogen[119]. Das bedeutet für Werbetreibende, die eigene Marke in das Relevant Set des potenziellen Käufers zu bringen.

Eine entsprechende Maßnahme für die Zielerreichung ist, die Marke entsprechend bekannt zu machen. Dies erfolgt durch eine Erhöhung des Werbedrucks (GRP). Um nicht willkürlich zu handeln, empfiehlt sich hierfür den Werbedruck des Konkurrenzumfeldes zu messen. Dafür eignet sich ein monatliches Scanning, in dem die GRPs des Werbetreibenden und dessen Wettbewerber verglichen und entsprechend ausgerichtet werden. Ob die Marke im Relevant Set aufgestiegen ist, erfolgt durch die Messung der spontanen Bekanntheit.

---

[114] Vgl. Kuß, A. / Tomczak, T.: Marketingplanung. Einführung in die marktorientierte Unternehmens- und Geschäftsfeldplanung, 4. Aufl. Wiesbaden 2004, S. 233

[115] Vgl. Hüttner, M.: Gründzüge der Marktforschung, 6. Aufl., München / Wien 1999, S. 47 und Kloss, I.: Werbung, a.a.O., S. 79 ff., sowie: Gaul, W. / Baier, D.: Marktforschung und Marketing Management, 2. Aufl., München / Wien 1994, S. 125

[116] Vgl. Kloss, I.: Werbung, a.a.O., S. 79

[117] Vgl. Motorpresse-Verlag (Hrsg.): Die besten Autos 2007, a.a.O., S. 32

[118] Vgl. Werben & Verkaufen (w&v) (Hrsg.): Männer haben nur Autos und Geld im Kopf, in: Werben & Verkaufen Nr. 16 / 1994, S. 16

[119] Vgl. Kloss, I.: Werbung, a.a.O., S. 79

4.1.4 Kauf

Beim Kauf einer Marke werden die Käufer in Erwägung gezogen, für die die Marke eine zusätzliche Wahl darstellt und zum anderen Käufer, für die die Marke erste Wahl ist[120].

In den Kaufprozess fließen viele exogene Faktoren wie distributive Gegebenheiten, soziale Determinanten des Kaufverhaltens, werbliche Maßnahmen am Point of Sale und andere mit ein. Da diese Einflüsse zum Teil anderen Bereichen des Marketing-Mix[121] und auch der Verhaltensforschung zugeschrieben werden, wird hier auf diese Faktoren nicht weiter eingegangen.

4.1.5 Loyalität

Bei der Markentreue beziehungsweise der Loyalität hat das Marketing stetig auf die oben genannten Aufgaben zu achten. Kurz zusammengefasst muss

1. die Marke so dargestellt wird, dass diese in die engere Kaufentscheidung gelangt.
2. Zudem muss der Marke Präferenz verschafft und erhalten werden, dass die Marke zur bevorzugten Marke wird
3. sowie kontinuierlich in das Bewusstsein gerufen werden, so dass die Kauf-entscheidung zugunsten der Marke führt[122].

Sofern die Marke bei vielen Kunden im Relevant Set verankert ist, sollten tiefgründige Fragen zur Markenzufriedenheit gestellt werden, zum Beispiel, ob die Bereitschaft da ist, zusätzliche Leistungen zu erstehen, ob die Marke weiterzuempfehlen ist, ob die Marke regelmäßig gekauft wird und ob die Marke auch noch in fünf Jahren gekauft wird. Aus den Antworten wird neben einem Gesamtwert unter anderem auch die Weiterempfehlungsrate ermittelt[123]. Dadurch, dass die treuen Kunden die Marke weiterempfehlen, ist die Wahrscheinlichkeit hoch, dass neue Kunden gewonnen werden.

---

[120] Vgl. Arnold, H. / Deuringer, Ch.: Markenbewertung als strategische Herausforderung: Das Beispiel der Allianz Group, a.a.O., S. 178
[121] zurückzuführen auf: McCarthy, J.: Basic Marketing: A managerial approach, 1960
[122] Vgl. Kloss, I.: Werbung, a.a.O., S. 82
[123] Vgl. Arnold, H. / Deuringer, Ch.: Markenbewertung als strategische Herausforderung: Das Beispiel der Allianz Group, a.a.O., S. 178

Zusätzlich können durch den Einsatz eines Customer Relationship Management (CRM) weitere Anhaltspunkte für das Marketing gewonnen werden. Zudem verringern sich die Transaktionskosten[124].

Als Zielsetzung sind hier eine möglichst hohe Kundenzufriedenheit und eine hohe Weiterempfehlungsrate anzustreben. Hierfür werden den Kunden die oben genannten Fragen gestellt und der Gesamtwert beziehungsweise die Weiterempfehlungsrate mit den Werten der vorherigen Evaluierung verglichen.

Eine allgemeine Maßnahme zu nennen, ist hier nicht möglich. Außerdem wird die Kundentreue und Weiterempfehlung einer Marke nicht ausschließlich durch Kommunikationsmaßnahmen erhöht. Wichtig ist vor allem, dass die Positionierung und das Nutzenversprechen aus Sicht des Kunden für wichtig empfunden wird und deshalb die Marke bevorzugt gekauft wird. Das bedeutet auch, dass die Produkt-, Preis- und Distributionspolitik für die Zielerreichung mitverantwortlich sind. Beschwert sich beispielsweise ein Kunde über die Nichterhältlichkeit der Marke, so hat das CRM diese Beschwerde umgehend an den Verantwortlichen der Distributionspolitik weiterzuleiten. Dort muss entsprechend auf die Beschwerde reagiert werden und außerdem müssen Maßnahmen eingeleitet werden, damit die Kundenzufriedenheit aufrechterhalten wird.

Nachdem die Kennzahlen im Funnel der eigenen Marke und die der Wettbewerber vorhanden sind, können folgende Fragen beantwortet werden:

- Wo liegen die Schwachpunkte der Marke?
- Was sind die Gründe für die schlechte Leistung?
- Wo kommt die Marke nicht an?
- Wie lassen sich die Geschäfte verbessern?[125]

Durch Gegenüberstellen der Ergebnisse aus der Funnelanalyse zur eigenen Marke und der Marke des Best-in-class-Wettbewerbers können auch entsprechende Maßnahmen zur Steuerung und Planung initiiert werden.

---

[124] Vgl. Meffert, H.: Marketing – Grundlagen marktorientierter Unternehmensführung – Konzepte – Instrumente – Praxisbeispiele, a.a.O., S. 366 ff., sowie: Becker, J.: Marketing-Konzeption. Grundlagen des Ziel – strategischen und operativen Marketing – Managements, a.a.O., S. 628 ff.
[125] Vgl. Dahlmann, H.: Eine Marke auf neuen Wegen, in: Absatzwirtschaft Sonderheft 2004, S. 74 - 78

Abbildung 4-5 gibt darüber Aufschluss, ob die gewählten Instrumente effektiv zum Einsatz kommen. Das folgende Beispiel zeigt auf, dass 52 Prozent der Zielgruppe bereit ist, die eigene Marke zu kaufen, aber nur jeder Fünfte erwirbt die Marke. Der Vergleich zum Best-in-class-Wettbewerber gibt Hinweise darauf, an welchen Stellen Verbesserungen zu erzielen sind. Im vorliegenden Beispiel zeichnet sich ein Verbesserungspotenzial in der Kundenbindung ab. Während 60 Prozent der Käufer des Wettbewerbers die Marke erneut kaufen würden, sind nur 40 Prozent der Kunden der eigenen Marke zum Wiederkauf bereit.

Anhand der aufgezeigten Schwachstellen lassen sich Maßnahmen besser steuern und liefern dem Marketing Handlungshinweise, die sich messen lassen[126].

Abbildung 4-5: Kaufprozessanalyse

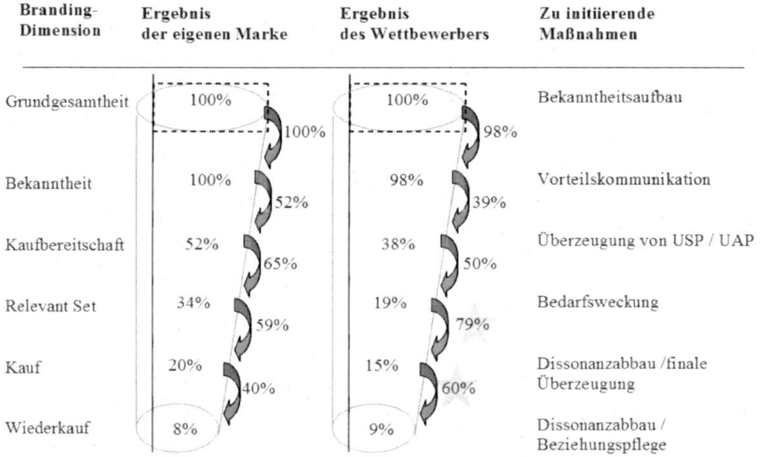

Branding-Dimension	Ergebnis der eigenen Marke	Ergebnis des Wettbewerbers	Zu initiierende Maßnahmen
Grundgesamtheit	100% → 100%	100% → 98%	Bekanntheitsaufbau
Bekanntheit	100% → 52%	98% → 39%	Vorteilskommunikation
Kaufbereitschaft	52% → 65%	38% → 50%	Überzeugung von USP / UAP
Relevant Set	34% → 59%	19% → 79%	Bedarfsweckung
Kauf	20% → 40%	15% → 60%	Dissonanzabbau /finale Überzeugung
Wiederkauf	8%	9%	Dissonanzabbau / Beziehungspflege

Quelle: in Anlehnung an: Dahlmann, H.: Eine Marke auf neuen Wegen, in: Absatzwirtschaft Sonderheft 2004, S. 74 – 78, sowie: Schuwirth, S. / Packenius, D.: Audis neues Planungs-Tool. Antworten auf die Gretchen-Fragen des Marketing, a.a.O., S. 129

Trotz der in Kapitel 4.1 beschriebenen Kritik an Stufenmodellen sei angemerkt, dass diese für das Werbecontrolling als Checkliste zur Strukturierung von Wirkungs-abläufen[127] erforderlich ist.

---

[126] Vgl. Schuwirth, S. / Packenius, D.: Audis neues Planungs-Tool. Antworten auf die Gretchen-Fragen des Marketing, a.a.O., S. 129,

4.2 Semantisches Netzwerk

Semantische Netzwerke resultieren aus bereits vorhandenem Wissen über ein Objekt im Langzeitgedächtnis. Dabei wird davon ausgegangen, dass das Lernen von neuen Informationen nur möglich ist, wenn bereits bestehendes Wissen mit der neuen Information in Verbindung gebracht werden kann[128]. Indem auf die subjektiven Produktvorteile der Konsumenten eingegangen wird, können so Wissensstrukturen und deren Veränderung aufgezeigt werden. Dadurch wird die Positionierung neuer Produkte sowie eine Umpositionierung erleichtert[129].

Die Abbildung 4-6 zeigt das semantische Netzwerk der Marke *Sony* aus Sicht der Verbraucher. Dabei wird *Sony* mit den Worten `innovativ´, `Japan´, `Sony Music´ und `Unterhaltungselektronik´ assoziiert. Letzteres gliedert sich weiter auf in `gute Qualität´, `Playstation´, `Handy´ und `Hi-Fi´, wo die Produkte präsent sind. Wenn eine neue Information zu Sony gelernt werden soll, dass bald die `Playstation 3´ erhältlich ist, so wird diese neue Information in die vorhandene Struktur integriert.

Obwohl *Sony* das Alleinstellungsmerkmal der `Miniaturisierung´ für sich beansprucht, stehen die Produkte allerdings nicht mit `Innovation´ in Verbindung, sondern werden der `Unterhaltungselektronik´ zugeschrieben. Ein weiterer erfolgsversprechender Bereich ist das Label `Sony Music´, der ebenfalls strategisch ausbaubar ist[130].

Für das Werbecontrolling besteht die Aufgabe darin, das semantische Netzwerk auf- und auszubauen. Auf der einen Seite ist das semantische Netzwerk zu verdichten, wodurch neue Informationen zur Marke leichter aufgenommen werden können. Auf der anderen Seite müssen die neuen Informationen im Zusammenhang mit dem Vorwissen stehen, wodurch eine Adaption in das semantische Netzwerk erleichtert wird[131].

---

[127] Vgl. Janßen, V.: Einsatz des Werbecontrolling. Aufbau, Steuerung und Simulation einer Werblichen Erfolgskette, a.a.O., S. 23
[128] Vgl. Kroeber-Riel, W. / Weinberg, P.: Konsumentenverhalten, 8. Aufl., München 2003, S. 342
[129] Vgl. Kroeber-Riel, W. / Weinberg, P.: a.a.O., S. 232 , sowie: Trommsdorff, V.: Konsumentenverhalten, 6. Aufl., Stuttgart 2004, S. 115
[130] Vgl. Kuntkes, J. / Musiol, K. G. / Berens, H. / Christian, B.: Brand-Limits, a.a.O., S. 120
[131] Vgl. Rosenstiel, L. / Kirsch, A.: Psychologie der Werbung, Rosenheim 1996, S. 99 f.

Abbildung 4-6: Semantische Netz der Marke Sony

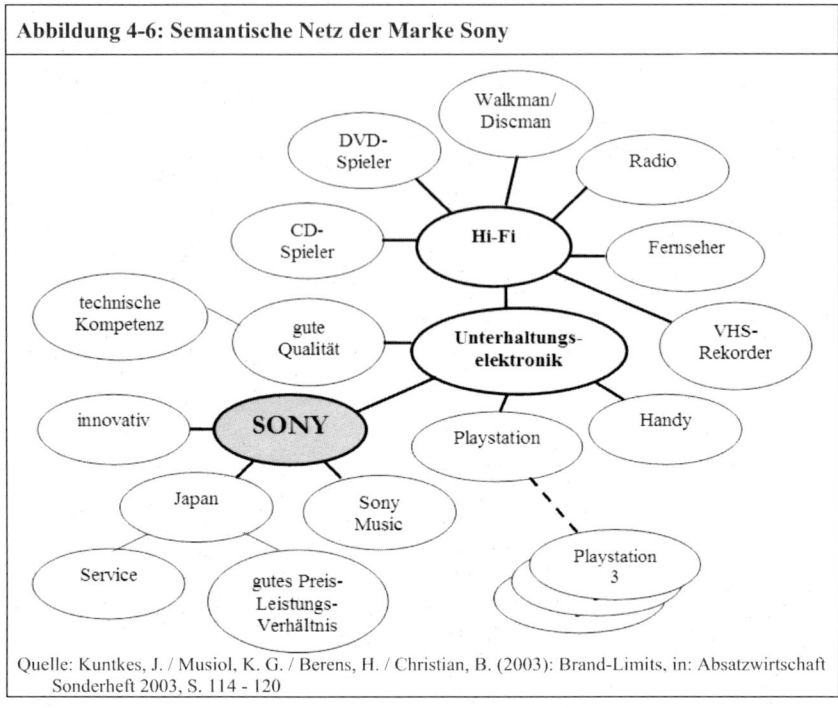

Quelle: Kuntkes, J. / Musiol, K. G. / Berens, H. / Christian, B. (2003): Brand-Limits, in: Absatzwirtschaft Sonderheft 2003, S. 114 - 120

Die Voraussetzung eines semantischen Netzwerks beruht auf Lernvorgängen beim Konsumenten, die auf einer langfristigen, kontinuierlichen und in sich konsistenten Markenführung basieren. Außerdem besteht die Möglichkeit für eine Markener-weiterung, sofern neben einem ausreichenden Zeithorizont [132] auch die technische Beschaffenheit und das emotionale Erlebnisumfeld der Stamm-Marke und der Transfer-Marke übereinstimmen [133]. Durch hohen Werbedruck und ausreichend finanziellen Ressourcen kann der Fit auch in kürzerer Zeit gelingen[134].

---

[132] Vgl. Kuntkes, J. / Musiol, K. G. / Berens, H. / Christian, B.: Brand-Limits, a.a.O., S. 114 - 120
[133] Vgl. Mayer, A. / Mayer R. U.: Imagetransfer, Hamburg 1987, S. 26
[134] Vgl. Kuntkes, J. / Musiol, K. G. / Berens, H. / Christian, B.: Brand-Limits, a.a.O., S. 114 - 120

5 Die interne Prozessperspektive

Die interne Prozessperspektive identifiziert Geschäftsprozesse, die für das Erreichen der Ziele aus der Finanz- und Kundenperspektive von großer Bedeutung sind. Dabei werden zum einen bestehende Prozesse verbessert und an der Strategie ausgerichtet. Zum anderen sind auch Innovationsprozesse der Marktforschung und der Produktentwicklung mit einzubeziehen. Innerhalb der Prozessperspektive ist zwischen dem Innovationsprozess, dem Betriebsprozess und dem Kundendienstprozess zu unterscheiden[135]. Die folgende Abbildung illustriert den Gesamtprozess der internen Prozessperspektive mit den drei Hauptprozessen.

Abbildung 5-1: Die interne Prozessperspektive – das generische Wertkettenmodell

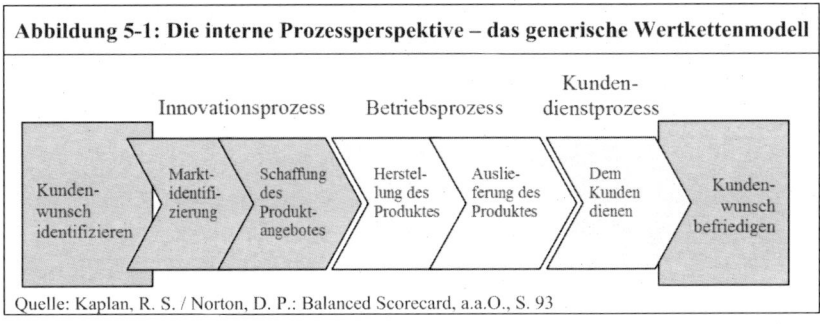

Quelle: Kaplan, R. S. / Norton, D. P.: Balanced Scorecard, a.a.O., S. 93

Die Leitfrage der internen Prozessperspektive lautet, in welchen werberelevanten Prozessen eine hervorragende Leistung zu erbringen ist, um Kundenwünsche zu identifizieren und diese auch zu erfüllen. Dabei sind nicht nur interne Prozesse ausschlaggebend, sondern auch Prozesse mit externen Dienstleistungsunternehmen wie Media- und Werbeagenturen, Marktforschungsinstituten oder anderen[136].

---

[135] Vgl. Kaplan, R. S. / Norton, D. P.: Balanced Scorecard, a.a.O., S. 92 ff., sowie: Pietsch, T. / Memmler, T.: Balanced Scorecard erstellen. Kennzahlenermittlung mit Data Mining, Berlin 2003, S. 41, und Bischof, J.: Die Balanced Scorecard als Instrument einer modernen Controlling-Konzeption. Beurteilung und Gestaltungsempfehlungen auf der Basis des Steakholder-Ansatzes, Wiesbaden 2002, S. 107, und Hahn, T. / Wagner, M. / Figge, F. / Schaltegger, S.: Wertorientiertes Nachhaltigkeitsmanagement mit einer Sustainability Balanced Scorecard, in: Schaltegger, S / Dyllick, T. (Hrsg.): Nachhaltig managen mit der Balanced Scorecard. Konzept und Fallstudien, Wiesbaden 2002, S. 84
[136] Vgl. Bauer, H. H. / Meeder, U. / Jordan, J.: Werbecontrolling mit der Balanced Scorecard, in: Absatzwirtschaft Nr. 1 / 2001, S. 62 - 67

In dieser Perspektive sind neben den erfolgsorientierten Faktoren besonders die verhaltensorientierten Faktoren zu beachten. Letzteres hat zum Ziel, den Unterschied zwischen den geplanten und tatsächlich durchgeführten Aktivitäten aufzuzeigen. Dabei werden vor allem die Kommunikationsverantwortlichen und -beteiligten auf die Wahrnehmung und Erfüllung der Ziele kontrolliert[137].

5.1 Reduzierung der Beschaffungskosten

Der größte Teil des Werbebudgets wird für die Verbreitung der Werbebotschaft verwendet[138]. In der Regel agieren zwischen den Werbetreibenden und den Mediahäusern die Mediaagenturen, die für die Mediaplanung und -einkauf verantwortlich sind. Die Etablierung einer strategischen Geschäftseinheit, die sich ausschließlich auf Mediaverhandlungen und -einkauf konzentriert, wird den immer größeren Anforderungen einer Mediaagentur gerecht.

So hat die *Omnicom Media Group* im November 2006 die Verhandlungsunit *Opera* geschaffen, wo Expertisen gebündelt und international ausgetauscht werden. Dazu gehören sowohl strategische und taktische Kommunikations- und Mediaplanung, als auch die operative Umsetzung, der Einkauf, aber vor allem Medienverhandlungen[139].

Durch empirische Studien und tiefgehendes Hintergrundwissen über den Werbemarkt und der Werbemittel kann so die Wertschöpfung erhöht werden. Hierbei sollte, aus Sicht der Werbetreibenden und der ausgewählten Dienstleistungsunternehmen, eine langfristige Partnerschaft aufgebaut werden. Außerdem ist darauf zu achten, dass zwischen den Partnerschaften eine Win-Win-Situation zu Stande kommt.

---

[137] Vgl. Arnaout, A.: Controlling auch für die Kommunikationspraxis, in: Piwinger, M. / Porák, V. (Hrsg.): Kommunikations-Controlling. Kommunikation und Information quantifizieren und finanziell bewerten, Wiesbaden 2005, S. 121 - 132
[138] Vgl. Schierl, T.: Fünf Maßnahmen für mehr Werbeeffizienz, in: Absatzwirtschaft Nr. 5 / 2000, S. 140
[139] Vgl. Werben & Verkaufen (w&v) (Hrsg.): Georg Berzbach wechselt zur OMG, in: Werben & Verkaufen Nr. 47 / 2006, S. 89, sowie: Werben & Verkaufen (w&v) (Hrsg.): Joker im Konditionen-Poker, in: Werben & Verkaufen, Ausgabe 10 / 2007, S. 35

5.2 Optimierung der Briefing-Qualität

Die Ausschreibung eines Werbetreibenden wird auch als Pitch bezeichnet. Dabei wird eine engere Auswahl an Agenturen über die Werbeziele informiert, die dann um das Werbeetat kämpfen. Innerhalb einer gesetzten Zeit ist dafür eine Präsentation vorzubereiten, wie mit den gegebenen Ressourcen die gesetzten Ziele erreicht werden.

Damit die Agenturen effizient und effektiv arbeiten können, ist ein umfassendes Briefing unerlässlich. Dazu gehören entsprechende Inputs von Daten und klare Zielvorgaben, denn ohne diese wird die Kreativleistung der Agenturen erschwert. Die Folgen wären kostentreibende Re-Briefings und zusätzlicher Kommunikationsbedarf[140].

Die strategische Zielvorgabe lautet hier, die Anzahl der Re-Briefings auf Null zu reduzieren. Damit dieses Ziel erreicht wird und die unten erwähnten Defizite nicht entstehen, ist für die Mitarbeiter ein Datenpool einzurichten, wo auf entsprechende Informationen zurückgegriffen werden kann.

Die entsprechenden Informationen für ein Briefing[141] sollten nicht nur standardisiert und obligatorisch sein. Für eine strategische Planung und der Entscheidungsfindung sind Informationen unabdingbar. So geht aus einer Studie von *IBM* hervor, dass die Handhabung von Informationen unzureichend ist, um Entscheidungen zu treffen, die nicht auf Hoffnung oder Glück beruhen. Dies ist unter anderem auf die Informationsorganisation und -verteilung zurückzuführen[142]. Deshalb soll hier auch ein Bogen zur Lern- und Entwicklungsperspektive geschlagen werden.

In Kapitel 6.2 wird aufgezeigt wie ein Informations- und Kommunikationssystem ausgerichtet wird, um Informationsdefizite zu mindern und somit den Mitarbeitern eine optimale Informationsversorgung zu gewährleisten.

---

[140] Vgl. Roland Berger & Partner: Gezielte Investition oder Spielmasse? Die Wertschöpfungskette für Kommunikation auf dem Prüfstand, in: Absatzwirtschaft Sondernummer 2000 S. 202, sowie: Kloss, I.: Werbecontrolling, a.a.O., S. 205 und Diers, R.: Die Balanced Scorecard als Instrument des strategischen Werbecontrolling, a.a.O., S. 51
[141] ausführlich in: Kloss. I.: Werbung, a.a.O., S. 293, sowie: Kloss, I.: Werbecontolling, a.a.O., S. 105
[142] Vgl. Kmuche, W.: Strategischer Erfolgsfaktor Wissen. Content Management: Der Weg zum erfolgreichen Informationsmanagement, Köln 2000, S. 94 f.

5.3 Leistungsorientiertes Vergütungssystem

Der größte Teil des Werbebudgets wird für die Schaltkosten aufgewendet[143]. Marginal hingegen erscheinen die Honorare für die Agenturen, die für die Mediabetreuung größtenteils unter einem Prozent liegen[144]. Die stetige Reduzierung der Honorare führt langfristig zur Ineffizienz der Zielerreichung. Entsprechend ist ein Vergütungssystem zu erstellen, das der Sicht der Werbetreibenden und der Agenturen entspricht[145].

Nach der Zwei-Faktoren-Theorie von Frederick Herzberg ist die Entlohnung ein wichtiger Beitrag zur Zufriedenheit beziehungsweise Unzufriedenheit[146]. So ist auf der einen Seite gemeinsam mit der Agentur ein Honorar festzulegen, das Grundgehälter und somit auch den festen Arbeitsplatz der Agenturmitarbeiter gewährleistet. Auf der anderen Seite sind die Ziele der Werbetreibenden zu erreichen. Dazu reicht, seitens der Agentur, eine einfache Dokumentation der Leistungswerte in einer Umfeldliste beziehungsweise die Optimierung der Arbeit nicht aus. Entsprechend sind für eine erfolgsabhängige Honorierung die Kennzahlen, sowohl quantitative als auch qualitative, gemeinsam zu erarbeiten und festzulegen, wodurch auch die Motivation erhöht wird[147].

Bei der Zielerreichung ist zum Beispiel ein zusätzlicher Obolus bereitzustellen. Da sich aber strategische Ziele nicht von heute auf morgen realisieren lassen, sollte der Obolus anhand eines Zielerreichungsindikators aufgeteilt werden. Dadurch wird unter anderem die Motivation erhöht, da schon kleine Erfolge honoriert werden.

---

[143] Vgl. Schierl, T.: Fünf Maßnahmen für mehr Werbeeffizienz, a.a.O., S. 140, sowie: Werner, M.: Modelling – Der Königsweg für höhere Werbeeffizienz?, in: Absatzwirtschaft Sonderheft 2004, S. 122

[144] Vgl. Giesecking, F.: Rot, röter, tiefrot, in: Werben & Verkaufen (w&v) (Hrsg.) Nr. 38 / 2002, S. 106

[145] Vgl. Schierl, T.: Fünf Maßnahmen für mehr Werbeeffizienz, a.a.O., S. 140.

[146] Vgl. Ulrich, E.: Arbeitspsychologie, 5. Aufl., Stuttgart / Zürich 2001, S.47, sowie: Weinert, A. B.: Organisations- und Personalpsychologie, 5. Aufl., Weinheim / Basel 2004, S. 197

[147] Vgl. Völckner, F. / Sattler, H. / Klawiter, H. (2003): Honorar bei Erfolg – Albtraum für Agenturen?, in: Absatzwirtschaft Nr. 11 / 2003, S. 59

6 Die Lern- und Entwicklungsperspektive

In der vierten Perspektive werden Ziele und Kennzahlen entwickelt, die zur Förderung einer lernenden und wachsenden Organisation beitragen[148]. Diese Perspektive schafft die so genannte Infrastruktur, die notwendig ist, damit die anderen drei Perspektiven die jeweiligen Ziele erreichen. Somit nimmt die vierte Perspektive eine besondere Rolle ein, da eine Langzeitwirkung entfaltet wird.

6.1 Erhöhung der Kommunikationskompetenz

In der Kommunikationsbranche werden Kompetenzen von Berufseinsteigern in der Regel durch Training-on-the-job aufgebaut. Dem wesentlichen Vorteil, dass das Traineeprogramm mit dem betrieblichen Leistungsprozess mitläuft und zudem relativ kostenneutral ist[149], stehen dem viele Nachteile gegenüber. Dazu gehören eine nur kurze Orientierungsphase, eine viel zu schnelle Einarbeitung, keinen Überblick über die betrieblichen Strukturen, Praxisschock und viele andere [150]. Außerdem wird beim Training-on-the-job „70 bis 90 Prozent des Wissens informell [...] ohne direkte Lernintension erworben"[151]. Da diese Form des Lernens nicht intendiert und systematisch ist, basiert das Lernen auf dem Prinzip `trial and error´[152].

Nach einer repräsentativen Studie der *Wirtschaftswoche* in Zusammenarbeit mit *Brain & Company* gehören vor allem die strategische Planung und Kernkompetenzen zu den wichtigsten Managementtools[153]. Um dem oben genannten Prinzip des `trial and error´ entgegenzuwirken, sind von der Personalentwicklung Weiterbildungsmaßnahmen zu erstellen. Aus Gründen der Nachhaltigkeit und Motivation sollten auch Fortbildungen

---

[148] Vgl. Kaplan, R. S. / Norton, D. P.: Balanced Scorecard, a.a.O., S.121
[149] Vgl. Olfert, K.: Personalwirtschaft, 12. Aufl., Ludwigshafen 2006, S. 396
[150] Vgl. Heuser, D.: Berufseinstieg: Training-On-The-Job, in: http://www.jobware.de/ra/js/bk/3.html# (Stand: 16. Januar 2007)
[151] Schier, W.: Training on the Job und Training near the Job. Arbeitsplatznahe und anwendungsorientierte Trainingsformen, in: Bröckmann, R. / Müller-Vorbrüggen, M. (Hrsg.): Handbuch Personalentwicklung. Die Praxis der Personalbildung, Personalförderung und Arbeitstrukturierung, Stuttgart 2006, S. 151
[152] Vgl. a.a.O.
[153] Vgl. Leendertse, J.: Managementtechniken. Weichen Stellen, in: Wirtschaftswoche Nr. 43 vom 21.10.1999, S. 140 - 152

ermöglicht werden, um die berufliche Handlungsfähigkeit zu erhalten und anzupassen oder zu erweitern um beruflich aufzusteigen[154].

Realisiert werden kann dies dadurch, dass das Traineeprogramm nicht ausschließlich auf einem Training-on-the-job basiert. So besuchen die Trainees der *Mediaplus* und anderen großen Agenturen zusätzlich eine Berufsschule[155]. Zusätzlich bietet die *Omnicom Media Group* interne Schulungen in der *OMD-School* an, die von erfahrenen Mitarbeitern und Gastrednern gehalten werden.

Außerdem stellen interne als auch externe Schulungen und Seminare eine Möglichkeit dar, die Kommunikationskompetenz zu erhöhen. Dabei sind die Teilnehmer für die Problematiken der Effektivität und Effizienz zu sensibilisieren. Auch auf Seiten der Werbetreibenden sind solche Schulungen und Seminare zu halten, damit das Verständnis für spezifische Leistungswerte steigt. Dadurch wird das Thema „Werbung und Media" diskussionsfähig gemacht, um gemeinsam urteilen und handeln zu können[156].

Die Anzahl der Weiterbildungsmaßnahmen ist individuell vom Erfahrungsgrad der Mitarbeiter abhängig. Für Berufseinsteiger ist die Anzahl der Schulungen wesentlich höher anzusetzen als bei bereits erfahrenen Mitarbeitern. So haben Berufseinsteiger im ersten Jahr an wöchentlich stattfindenden Seminaren und Schulungen teilzunehmen, hingehend sollten erfahrene Mitarbeiter zu vier Schulungen pro Jahr verpflichtet werden.

Weitere Möglichkeiten zur Erhöhung der Kommunikationskompetenz könnten durch das Bereitstellen von Fachliteratur beziehungsweise Fachzeitschriften ermöglicht werden. Dabei ist zu bedenken, dass die alleinige Bereitstellung von Büchern nicht ausreicht. Den Mitarbeitern muss auch die Möglichkeit eingeräumt werden sich mit der Literatur zu befassen.

---

[154] Vgl. Berufsbildungsgesetz (BBiG): § 1 Ziele und Begriffe der Berufsbildung, Absatz 4
[155] Vgl. Gieseking, F.: Rot, röter, tiefrot, a.a.O., S. 108
[156] Vgl. a.a.O.

6.2 Gewährleistung der Informationsversorgung

Ohne ein strategisches ausgerichtetes Informations- und Kommunikationssystem (IKS) wird der Einsatz von Informationen nur zufällig zur Zielerreichung führen[157]. So reichen ein Personalcomputer und ein Telefon am Arbeitsplatz alleine nicht aus. Die Computer müssen leistungsstarke Prozessoren und Grafikkarten sowie ausreichend Arbeitsspeicher besitzen, um die Werbemittel zu gestalten und zu bearbeiten. Häufig auftretende Probleme bestehen dabei in der Kompatibilität an der Hardware, mit der Netzwerk- und Kommunikationstechnik, mit der einzusetzenden Software und mit anderen installierten Geräten[158], die zwischen den Werbetreibenden und den Agenturen verwendet werden. Außerdem ist für die Informationsbeschaffung ein schneller Internetzugang erforderlich und die Gewährleistung, dass auf externe Datenbanken zurückgegriffen werden kann. Mit diesen Daten sind eigene Datenbanken anzulegen und eine komprimierte Zusammenfassung strategisch wichtiger Faktoren für den Werbetreibenden und die Agentur zu erstellen.

Weitere Vorteile eines strategisch ausgerichteten Informationsmanagement lassen sich zusammenfassen, dass

- Faktoren dargestellt werden, auf die die Aufmerksamkeit gelenkt werden soll;
- Indikatoren als Maßzahlen definiert werden, die den Zielerfüllungsgrad messbar machen;
- überflüssige Informationen minimiert werden;
- erfolgsrelevante Informationen für die jeweiligen Verantwortlichen erfasst werden;
- diese zudem den formalen Planungsprozess unterstützen[159].

Das Informationsmanagement hat nicht ausschließlich für die Implementierung, Lauffähigkeit und Sicherheit der IKS-Infrastruktur Sorge zu leisten. Allein der andauernde Bedeutungszuwachs von Informationstechnologie beinhaltet auch das Verständnis der neuen Kommunikationsformen durch Schulungen zu vermitteln.

---

[157] Vgl. Pietsch, T. / Martiny, L. / Klotz, M.: Strategisches Informationsmanagement. Bedeutung , Konzeption und Umsetzung, 4. Aufl., Berlin 2004, S. 104
[158] Vgl. Klotz, M. / Dorn, D.-W.: Vertragsmanagement in der Informationsverarbeitung. Handbuch für Planung, Durchführung und Controlling von IT-Verträgen, Berlin 2006, S. 127
[159] Vgl. Klotz, M. / Strauch, P.: Strategieorientierte Planung betrieblicher Informations- und Kommunikationssysteme, Berlin / Heidelberg 1990, S. 43

Aus Sicht des Marketing ist der Bereich Informationstechnik (IT) einer der wichtigsten internen Dienstleister. Jedoch wird häufig nur auf Zuruf gearbeitet[160]. Das bedeutet, dass für das IT-Management mehr zu tun ist, als das oben genannte Bereitstellen von Hard- und Software, das Aufrechterhalten der IKS-Infrastruktur, das IT-Verständnis zu vermitteln und den Zugang zu Datenbanken zu gewährleisten. Letztgenanntes ist ständig zu aktualisieren. So benötigen zum Beispiel die Mediaplaner die aktuelle zentrale Anzeigenstatistik (ZAS) mit Abweichungen zum Vorjahr und in Korrelation zum Preis oder die verkaufte Auflage und die Garantieauflage um die Rückvergütung zu ermitteln.

Als Kennzahlen seien hier die Anzahl der Arbeitsplätze mit neuen IKS und mit Zugriff auf Datenbanken genannt. Opportun dazu ist der Aktualisierungsstand der Datenbanken.

Die Aktualisierung der Datenbanken erfolgt unterschiedlich. So sind die Daten für Umfeldlisten wöchentlich bereitzustellen, auch die ZAS Daten können wöchentlich, besser aber monatlich ergänzt werden. Die Auflagen und die daraus resultierenden Daten sind quartalsweise zu pflegen, da diese Daten nur vierteljährlich von der Informationsgemeinschaft zur Feststellung der Verbreitung von Werbeträgern e.V. (IVW) ausgewiesen werden[161].

Neben den bereits beschriebenen Perspektiven werden in der Fachliteratur[162] weitere Perspektiven angegeben, zum Beispiel die Lieferantenperspektive, die Kreditgeberperspektive oder die Kommunikationsperspektive.

---

[160] Vgl. Schütz, P.: Die tausend Tode der Effizienz, in: Absatzwirtschaft Sonderausgabe 2002, S. 32 - 55

[162] Vgl. Ehrmann, H.: Kompakt-Training Balanced Scorecard, a.a.O., S. 36 f., sowie: Friedag, H. R. / Schmidt, W.: Balanced Scorecard – Mehr als ein Kennzahlensystem, a.a.O., S. 197 ff., und: Kloss, I.: Werbecontrolling, a.a.O., S. 207 f.

7 Schlussbetrachtung

Das wesentliche Ziel dieser Arbeit war, ein Instrument für das Werbecontrolling zu erstellen. Dafür wurde die Balanced Scorecard als Subsystem abgeleitet und vor allem mit qualitativen und quantitativen – nicht monetären – Kennzahlen versehen und auf die Anwendbarkeit hinterfragt. Dadurch konnte gezeigt werden, dass die Balanced Scorecard auch im Bereich der Werbung implementiert werden und auf Qualitäts-indikatoren aufbauen kann.

Aufgrund der vielen Instrumente zur Messung von Werbewirkung konnte in dieser Arbeit nur ein Teil wiedergegeben werden. Außerdem ist die vorliegende Arbeit deskriptiv gestaltet, das heißt, für den praktischen Einsatz sind die Kennzahlen und jeweiligen Instrumente individuell an die Strategie des Werbetreibenden anzupassen. Außerdem müssen die Zielsetzungen realistisch, genau definiert und entsprechend messbar sein. Sofern die Perspektiven an der Strategie ausgerichtet sind, sind die gewählten Ziele sowohl intern als auch an externe Dienstleister zu kommunizieren und müssen auch angewandt werden.

Gegenwärtig werden jedoch noch immer Werbeausgaben hauptsächlich auf Effizienz beurteilten Kriterien als Benchmarks gesetzt. Für die Messung der Ineffizienz wird vor allem die Data Envelopment Analysis (DEA) und der Stochastische-Frontier-Ansatz (SFA) herangezogen. In diesen Studien[163] wird, wie schon in der PIMS-Studie (Profit Impact of Marketing Strategies), ein Zusammenhang zwischen Werbeausgaben und Umsatz belegt. Jedoch werden als Outputgrößen nur der Umsatz beziehungsweise das Betriebsergebnis und teilweise der Bekanntheitsgrad, der Marktanteil und die geplante Wiederkaufsrate herangezogen[164].

---

[163] Vgl. Mesak, H.I.: on the Generalizability of Advertising Pulsation Monopoly Results in an Oligopoly, in: European Journal of Operations Research, Vol. 117, No. 3, 1999 p. 429 - 449, sowie: Donthu, N. / Hershberger, E. / Osmonbekov, T.: Benchmarking Marketing Productivity Using Data Envelopment Analysis, in: Journal of Business Research, Vol. 58, No. 10, 2005 p. 1474 - 1482

[164] Vgl. Chumpitaz, Ruben / Kerstens, Kristiaan / Paparoidamis, Nicholas: Marketingperformance: Von ein- zu multidimensionalen und von Durchschnitts- zu Frontier-Kobnzepten,, in: Bauer, Hans H. / Staat, Matthias / Hammerschmidt, Maik (Hrsg.) Marketingeffizienz. Messung und Steuerung mit der DEA – Konzept und Einsatz in der Praxis, Vahlen / München 2006, S. 23 f., sowie: Backhaus, K. / Wilken, R.: Effizienzmessung mit Data Envelopment Analysis (DEA). Eine methodische Bestandsaufnahme. Arbeitspapier Nr. 34, Betriebswirtschaftliches Institut für Anlagen und Systemtechnologien der westfälischen Wilhelms-Universität Münster 2003, S. 1

Der Werbewirkungsaspekt in Bezug auf Qualitäten wird hierbei völlig außer Acht gelassen, obwohl Werbung sowohl auf ökonomische als auch auf kommunikative Ziele beurteilt werden muss, die erreicht werden sollen[165]. Vor allem kommunikative Werttreiber wie Bekanntheit und Reputation spielen in der Advertising Scorecard gleich in mehreren Perspektiven eine große Rolle.

Bereits 2004 wendeten über 19 Prozent der DAX-Unternehmen die Balanced Scorecard im Kommunikationsbereich ein. Dabei liegt der Schwerpunkt auf der Optimierung von Prozessen, der Ermittlung des Beitrages zum Unternehmenswert und nach weiteren Möglichkeiten zur Standardisierung[166]. Entsprechend ist die Advertising Scorecard keine Alternative, sondern eine Ergänzung zu den bereits etablierten Messverfahren.

Unter der Advertising Scorecard ist ein kybernetischer Prozess im Werbecontrolling zu verstehen. Durch die Rückkopplung der Ergebnisse sind Korrekturmaßnahmen in der Planung zu initiieren[167]. Durch die große Anzahl von Studien zu Werbeträgern zur Mediaplanung[168] und der Vielzahl von Instrumenten wird das Handeln deutlich erschwert. Entsprechend ist hier dem Leitsatz von Peter F. Drucker zu folgen, denn der Schlüssel zum Erfolg ist die Konzentration auf wesentliche Kennzahlen und nicht von Allem ein Bisschen zu tun[169].

Für die Anwendung des Werbecontrolling muss jedoch noch viel getan werden. Vor allem sollte das Thema Werbeerfolgsmessung sensibilisiert werden, nicht nur intern zwischen den Abteilungen Marketing und Controlling, sondern auch mit den betreuenden Agenturen.

---

[165] Vgl. Kloss, I.: Werbung, a.a.O., S. 100

[166] Vgl. Mast, C.: Werte schaffen durch Kommunikation: Was von Kommunikationsmanagement erwartet wird, in Pfannenberg, J. / Zerfaß, A. (Hrsg.): Wertschöpfung durch Kommunikation. Wie Unternahmen den Erfolg ihrer Kommunikation steuern und bilanzieren, Frankfurt am Main 2005, S. 27 - 35

[167] Vgl. Bauer, H. H. / Meeder, U. / Jordan, J. (2002): Werbung. Der große Spagat zwischen Kreativität und Controlling, in: Absatzwirtschaft Nr. 8 / 2002, S. 50 - 53

[168] Vgl. o.V.: Zeit für Experimente im Media-Mix, in Absatzwirtschaft Nr. 9 / 2001, S. 96 - 97

[169] Vgl. Drucker, P. F.: Managing for Results, New York 1964, in: Brandes, D.: Konsequent einfach: die ALDI-Erfolgsstory, 3. Aufl., Frankfurt / New York, 1998, S. 85

Anhang

Literaturverzeichnis

&Equity (2007): Langer Gedanke – kurzes Amen. Die Positionierung ist der Schlussstein der Strategie, in URL: http://www.equity.de/index_marken.html (Stand: 31. Oktober 2007)

Arnaout, A. (2005): Controlling auch für die Kommunikationspraxis, in: Piwinger, M. / Porák, V. (Hrsg.): Kommunikations-Controlling. Kommunikation und Information quantifizieren und finanziell bewerten, Wiesbaden 2005, S. 121 - 132

Arnold, H. / Deuringer, Ch. (2005): Markenbewertung als strategische Herausforderung: Das Beispiel der Allianz Group, in: Pfannenberg, J / Zerfaß, A. (Hrsg.) Wertschöpfung durch Kommunikation. Wie Unternehmen den Erfolg ihrer Kommunikation steuern und bilanzieren, Frankfurt a. M. 2005, S. 173 - 182

Backhaus, K. (2003): Industriegütermarketing, 7. Aufl., München 2003

Backhaus, K. / Wilken, R. (2003): Effizienzmessung mit Data Envelopment Analysis (DEA). Eine methodische Bestandsaufnahme. Arbeitspapier Nr. 34, Betriebswirtschaftliches Institut für Anlagen und Systemtechnologien der westfälischen Wilhelms-Universität Münster 2003

Bauer, H. H. / Meeder, U. / Jordan, J. (2001): Werbecontrolling mit der Balanced Scorecard, in: Absatzwirtschaft Nr. 1 / 2001, S. 62 - 67

Bauer, H. H. / Meeder, U. / Jordan, J. (2002): Werbung. Der große Spagat zwischen Kreativität und Controlling, in: Absatzwirtschaft Nr. 8 / 2002, S. 50 - 53

Becker, J. (2001): Das Marketingkonzept. Zielstrebig zum Markterfolg, 2 Aufl., München 2001

Becker, J. (2006): Marketing-Konzeption. Grundlagen des Ziel – strategischen und operativen Marketing – Managements, 8. Aufl., München 2006

Behrendt, C. / Splanemann, G. (2005): Kann die Wirksamkeit von Anzeigen verifiziert werden?, in: Planung & Analyse 2 / 2005, S. 26 - 30

Bekmeier-Feuerhahn, S. (1998): Marktorientierte Markenbewertung, o.O. 1998

Bentele, G. / Buchele, M.-S. / Hoepfner, J. / Liebert, T. (2003): Markenwert und Markenwertermittlung, Wiesbaden 2003

Berufsbildungsgesetz (BBiG): § 1 Ziele und Begriffe der Berufsbildung, Absatz 4

Bischof, J. (2002): Die Balanced Scorecard als Instrument einer modernen Controlling-Konzeption. Beurteilung und Gestaltungsempfehlungen auf der Basis des Steakholder-Ansatzes, Wiesbaden 2002

Brandes, D. (1998): Konsequent einfach: die ALDI-Erfolgsstory, 3. Aufl., Frankfurt / New York, 1998

Bruhn, M. (1997): Kommunikationspolitik, München 1997

Chumpitaz, Ruben / Kerstens, Kristiaan / Paparoidamis, Nicholas (2006): Marketingperformance: Von ein- zu multidimensionalen und von Durchschnitts- zu Frontier-Kobnzepten,, in: Bauer, Hans H. / Staat, Matthias / Hammerschmidt, Maik (2006) (Hrsg.): Marketingeffizienz. Messung und Steuerung mit der DEA – Konzept und Einsatz in der Praxis, Vahlen / München 2006, S. 3 - 30

Dahlmann, H. (2004): Eine Marke auf neuen Wegen, in: Absatzwirtschaft Sonderheft 2004, S. 74 - 78

Däumler K..-D. / Grabe, J. (1998): Kostenrechnung 3, Plankostenrechnung, 6. Aufl. Herne / Berlin 1998

Diers, R. (2003): Die Balanced Scorecard als Instrument des strategischen Werbecontrolling, Stralsund 2003

Donthu, N. / Hershberger, E. / Osmonbekov, T. (2005): Benchmarking Marketing Productivity Using Data Envelopment Analysis, in: Journal of Business Research, Vol. 58, No. 10, 2005 p. 1474 - 1482

Dressler, M. / Duhm, U. (2005): Wie greifbar sind Images? Ein Erfahrungsbericht über die Untersuchung der Images von Alcopops, in: Planung & Analyse 2 / 2005, S. 31 - 35

Droege, W. P. J. / Kricsfalussy, A. (2002): Benchmarking, in Absatzwirtschaft Nr. 3/2002, S. 47 - 48

Ehrmann, H. (2002): Kompakt-Training Balanced Scorecard, 2. Aufl., Ludwigshafen (Rhein) 2002

Einkommensteuergesetz (EStG): § 5 Gewinn bei Kaufleuten und bei bestimmten anderen Gewerbetreibenden, Absatz 2

Esch, F.-R. / Geus, P. (2001): Markenwertmessungen auf dem Prüfstand, in: Absatzwirtschaft Marken 2001, S. 24 - 27

Feldmann, K. / Tiemann, F. M. (2003): Handel. Wie Kundenpotenziale in Käufer umgewandelt werden, in: Absatzwirtschaft Nr. 1 / 2003, S. 42 - 45

Friedag, H. R. / Schmidt, W. (2002): Balanced Scorecard – Mehr als ein Kennzahlensystem, 4. Aufl. Freiburg / Berlin / München 2002

Gaul, W. / Baier, D. (1994): Marktforschung und Marketing Management, 2. Aufl., München / Wien 1994

Gerpott, T. J. / Thomas, S. E. (2004): Markenbewertungsverfahren. Einsatzfelder und Verfahrensüberblick, in: Wirtschaftswissenschaftliches Studium (WiSt), Heft 7, Juli 2004, S. 394 - 400

Gieseking, F. (2002): Rot, röter, tiefrot, in: Werben & Verkaufen (w&v) (Hrsg.) Nr. 38 / 2002, S. 106 - 108

Hahn, T. / Wagner, M. / Figge, F. / Schaltegger, S. (2002): Wertorientiertes Nachhaltigkeitsmanagement mit einer Sustainability Balanced Scorecard, in: Schaltegger, S / Dyllick, T. (Hrsg.): Nachhaltig managen mit der Balanced Scorecard. Konzept und Fallstudien, Wiesbaden 2002, S. 43 - 94

Hammann, P. / Erichson, B. (1990): Marktforschung, 2. Aufl., Stuttgart 1990

Handelsgesetzbuch (HGB): § 248 Bilanzierungsverbote, Absatz 2

Hauptkorn, B. / Mei-Pochtler (2002): Die Schwächen der Konkurrenz nutzen, in Absatzwirtschaft Sonderausgabe 2002, S. 68 - 71

Heil. O. / Maul, K.-H. (2004): Pro und Contra. Brauchen wir eine Standardisierung der Markenbewertung?, in: Absatzwirtschaft N. 2 / 2004, S. 30 - 33

Heuser, D. (2008): Berufseinstieg: Training-On-The-Job, in: http://www.jobware.de/ra/js/bk/3.html# (Stand: 16. Januar 2008)

Hill, W. / Rieser, I. (1993): Marketing-Management, 2. Aufl. Bern, Stuttgart, Wien 1993

Hingst, A. (2001): Das Jammertal der Ameisen, in: Absatzwirtschaft Nr. 5/2001, S. 152 - 154

Höfsäss, M. / Engel, D. (2003): Praxishandbuch Mediaplanung. Berlin 2003

Horváth & Partner (Hrsg.) (2000): Balanced Scorecard umsetzen, Stuttgart 2000

Howaldt, K. / Meurer, J. (2004): Wie Marketing im Aufschwung eine neue Qualität gewinnt, in: Absatzwirtschaft Nr. 4 / 2004, S. 24 - 28

Huth, R. / Pflaum, D. (1996): Einführung in die Werbelehre, 6. Aufl., Stuttgart / Berlin / Köln 1996

Hüttner, M. (1999): Gründzüge der Marktforschung, 6. Aufl., München / Wien 1999

Janßen, V. (1999): Einsatz des Werbecontrolling. Aufbau, Steuerung und Simulation einer Werblichen Erfolgskette, Wiesbaden 1999

Kaplan, R. S. / Norton, D. P. (1997): Balanced Scorecard, Stuttgart 1997

Kaplan, R. S. / Norton, D. P. (2001): Die strategiefokussierte Organisation. Führen mit der Balanced Scorecard, Stuttgart 2001

Kaplan, R. S. / Norton, D. P. (2006): Alignment – Mit der Balanced Scorecard Synergien schaffen, Stuttgart 2006

Kaplan, R. S. / Norton, D. P.(2004): Strategy Maps. Der Weg von immateriellen Werten zum materiellen Erfolg, Stuttgart 2004

Kaplitza, G. (2002): Das optimale Werbe-Spending, in: Absatzwirtschaft Nr. 3 / 2002, S. 88 - 91

Kilian, K. (2008): 66 Markenmodelle im Überblick, in: http://www.markenlexikon.com/marke/markenmodelle/index.html#Verfahren (Stand: 22. Januar 2008)

Kilian, K. (2008): Markenbewertungsansätze, in: http://www.markenlexikon.com/markenbewertung.html (Stand: 22. Januar 2008)

Kloss, I. (1986): Der Buridanische Esel heute. Langfristige Markenartikelpolitik, in: Der Markenartikel, Nr. 11, 1986, S. 509 - 511

Kloss, I. (1998): Der Einfluss des Werbeumfeldes auf die Werbewirkung, in: Der Betriebswirt Nr. 2, 1998, S. 17 - 21

Kloss, I. (2003): Werbecontrolling Konzept, Instrumente, Fallbeispiele, Gernsbach 2003

Kloss, I. (2003): Werbung, 3. Aufl., München / Wien 2003

Kloss, I. (2007): Werbung. Handbuch für Studium und Praxis, 4. Aufl., München 2007

Klotz, M. / Dorn, D.-W. (2006): Vertragsmanagement in der Informationsverarbeitung. Handbuch für Planung, Durchführung und Controlling von IT-Verträgen, Berlin 2006

Klotz, M. / Strauch, P. (1990): Strategieorientierte Planung betrieblicher Informations- und Kommunikationssysteme, Berlin / Heidelberg 1990

Kmuche, W. (2000): Strategischer Erfolgsfaktor Wissen. Content Management: Der Weg zum erfolgreichen Informationsmanagement, Köln 2000

Koschnick, W. J. (1995): Standard-Lexikon für Mediaplanung und Mediaforschung in Deutschland, Stichwort Affinität, Bd. 1 A-K, 2. Aufl., München 1995

Koschnick, W. J. (1996): Standard-Lexikon für Werbung, Verkaufsförderung und Öffentlichkeitsarbeit, Stichwort Image, Bd. 1 A-K, München 1996

Kotler, P. (1992): Marketing-Management. Analyse, Planung und Verwirklichung, 7. Aufl., Stuttgart 1992

Kotler, P. / Armstrong, G. / Saunders, J. / Wong, V. (2003): Grundlagen des Marketing, 3. Aufl., München 2003

Kotler, P. / Bliemel, F. (2001): Marketing-Management. Analyse, Planung und Verwirklichung, 10. Aufl., Stuttgart 2001

Kroeber-Riel, W. / Esch, F.-R. (2000): Strategie und Technik der Werbung – Verhaltenswissenschaftliche Ansätze, 5. Aufl., Stuttgart 2000

Kroeber-Riel, W. / Meyer-Hentschel, G. (1982): Werbung - Steuerung des Konsumentenverhaltens, Würzburg 1982

Kroeber-Riel, W. / Weinberg, P. (2003): Konsumentenverhalten, 8. Aufl., München 2003

Krüger, C. / Buri, J. (2002): CAPO – spielerisch zum Share of Soul, in: Absatzwirtschaft Marken 2002, S. 92 - 99

Kuntkes, J. / Musiol, K. G. / Berens, H. / Christian, B. (2003): Brand-Limits, in: Absatzwirtschaft Sonderheft 2003, S. 114 - 120

Kuß, A. / Tomczak, T. (2004): Marketingplanung. Einführung in die marktorientierte Unternehmens- und Geschäftsfeldplanung, 4. Aufl. Wiesbaden 2004

Leendertse, J. (1999): Managementtechniken. Weichen Stellen, in: Wirtschaftswoche Nr. 43 vom 21.10.1999, S. 140 - 152

Liebl, Ch. (2003): Kommunikations-Controlling. Ein Beitrag zur Steuerung der Marketing-Kommunikation am Beispiel der Marke Mercedes-Benz, Wiesbaden 2003

Liebl, Ch. (2004): Imagewerbung: Stärken und Schwächen aufdecken, in: Absatzwirtschaft Nr. 11 / 2004, S. 34 - 39

Liebl, Ch. (2004): Mehr Strahlkraft für die Marke durch Kommunikations-Controlling, in: Absatzwirtschaft Nr. 10 / 2004, S. 62 - 68

Löffler, J.-T. (2004): Fachlexikon, Stichwort Gross Rating Point, in: Axel Springer AG (Hrsg.): Media, Planung für Märkte, 7. Aufl., Hamburg 2004

Mast, C. (2005): Werte schaffen durch Kommunikation: Was von Kommunikationsmanagement erwartet wird, in Pfannenberg, J. / Zerfaß, A. (Hrsg.): Wertschöpfung durch Kommunikation. Wie Unternahmen den Erfolg ihrer Kommunikation steuern und bilanzieren, Frankfurt am Main 2005, S. 27 - 35

Maul, K.-H. / Kasperzak, R. (2004), in: Absatzwirtschaft (Hrsg.): Markenbewertung. Die Tank AG. Wie neun Bewertungsexperten eine fiktive Marke bewerten, Düsseldorf 2004

Mayer, A. / Mayer R. U. (1987): Imagetransfer, Hamburg 1987

Meffert, H. (2000): Marketing – Grundlagen marktorientierter Unternehmensführung – Konzepte – Instrumente – Praxisbeispiele, 9. Aufl., Wiesbaden 2000

Meffert, H. / Schröder, J. / Perrey, J. (2002): Lohnt sich Ihre Investition in die Marke?, in: Absatzwirtschaft Nr. 10/2002, S. 28 - 35

Mesak, H.I. (1999): on the Generalizability of Advertising Pulsation Monopoly Results in an Oligopoly, in: European Journal of Operations Research, Vol. 117, No. 3, 1999 p. 429 - 449

Motorpresse-Verlag (Hrsg.) (1998): Die besten Autos 1998, Stuttgart 1998

Motorpresse-Verlag (Hrsg.) (2007): Die besten Autos 2007, Stuttgart 2007

Mumme, H. / Wernecke, J. (2003): Der Weg ist das Ziel – Pretest als Wegweiser, in: planung & analyse, 3/2003, S. 42 - 45

Niebrügge, S. / Hagemann, K. / Nelke, K. (2002): Messung der Markenbekanntheit. Vergleich Online- mit telefonischer Befragung, in Planung & Analyse 2 /2002, S. 30 - 33

o.V. (2001): Zeit für Experimente im Media-Mix, in Absatzwirtschaft Nr. 9 / 2001, S. 96 - 97

Olfert, K. (2006): Personalwirtschaft, 12. Aufl., Ludwigshafen 2006

Pepels, W. (2004): Marketing, 4. Aufl., München / Wien 2004

Pflaum, D. / Bäuerle, F. / Laubach, K. (2002): Lexikon der Werbung, Stichwort Image, 7. Aufl., München 2002

Pietralla, J.-T. / Bachem, R. (2002): Kleinere Budgets, größere Wirkung, in: Absatzwirtschaft Sonderausgabe 2002, S. 72 - 76

Pietsch, T. / Martiny, L. / Klotz, M. (2004): Strategisches Informationsmanagement. Bedeutung , Konzeption und Umsetzung, 4. Aufl., Berlin 2004

Pietsch, T. / Memmler, T. (2003): Balanced Scorecard erstellen. Kennzahlenermittlung mit Data Mining, Berlin 2003

Porter, M. E. (1996): What Is Strategy?, in: Harvard Business Review, November-December 1996, p. 61 - 78

Poth, L. G. / Poth, G. S. (2003): Gabler Kompakt-Lexikon Marketing, 2. Aufl, Wiesbaden 2003

Reeves, R. (1961): Reality in Advertising, New York 1961

Roland Berger & Partner (2000): Gezielte Investition oder Spielmasse? Die Wertschöpfungskette für Kommunikation auf dem Prüfstand, in: Absatzwirtschaft Sondernummer 2000 S. 198 - 205

Rosenstiel, L. / Kirsch, A. (1996): Psychologie der Werbung, Rosenheim 1996

Säufert, W. (2007): Führen Größenvorteile auf Werbemärkten zur Medienkonzentration? Zum theoretischen Gehalt der „Anzeigen-Auflagen-Spirale", in: Medienwirtschaft, 4. Jahrgang 2007, Seite 48 - 60

Schier, W. (2006): Training on the Job und Training near the Job. Arbeitsplatznahe und anwendungsorientierte Trainingsformen, in: Bröckmann, R. / Müller-Vorbrüggen, M. (Hrsg.): Handbuch Personalentwicklung. Die Praxis der Personalbildung, Personalförderung und Arbeitstrukturierung, Stuttgart 2006, S. 147 - 160

Schierl, T. (2000): Fünf Maßnahmen für mehr Werbeeffizienz, in: Absatzwirtschaft Nr. 5 / 2000, S. 140 - 141

Schlesiger, O. (2002): Tracking – Der Werbewirkung auf der Spur?, in: Planung & Analyse 3 / 2002, S. 58 - 62

Schnettler, J. / Wendt, G. (2006): Konzeption und Mediaplanung für Werbe- und Kommunikationsberufe. Lehr- und Arbeitsbuch für die Aus- und Weiterbildung, Berlin 2006, S. 202

Schulz, K.-P. (2003): Kampf um die beste Idee, in Absatzwirtschaft Sonderheft 2003, S. 66 - 70

Schütz, P. (2002): Die tausend Tode der Effizienz, in: Absatzwirtschaft Sonderausgabe 2002, S. 32 - 55

Schuwirth, S. / Packenius, D. (2004): Audis neues Planungs-Tool. Antworten auf die Gretchen-Fragen des Marketing, in: Ansatzwirtschaft Sonderheft 2004, S. 128 - 130

Seiwert, M. (2004): Führende Bewertungsverfahren im Vergleich, in: Absatzwirtschaft Nr. 2 / 2004, S. 34 - 37

SevenOneMedia (2002): Positionierungsanalyse von Supermärkten, München, November 2002, in URL: http://www.seven-one-media.de/imperia/md/content/content/TopThemen/Research/Downloads/semio metrie/semio_supermaerkte.pdf (Stand: 02. Dezember 2007)

SevenOneMedia (2003): Positionierungsanalyse ausgewählter Spirituosenmarken, München, August 2003, in URL: http://www.seven-one-media.de/imperia/md/content/content/TopThemen/Research/Downloads/semio metrie/semio_spirituosenmarkt.pdf (Stand: 02. Dezember 2007)

SevenOneMedia (2004): Positionierungsanalyse von Weißbiermarken, München, Oktober 2004, in URL: http://www.sevenonemedia.de/imperia/md/content/content/TopThemen/Resear ch/Downloads/semiometrie/semio_weissbier.pdf (Stand: 02. Dezember 2007)

SevenOneMedia (Hrsg.) (2002): Media ABC. Das kompakte Nachschlagewerk, Stichwort GRP, 8. Aufl, o.O. 2002

Smith, W R. (1956): Product Differation and Market Segmentation as Alternative Marketing Strategies, in Journal of Marketing 1956, p. 3 - 8

Spannagl, J. (2005): Marketing muss messbar sein, in: Absatzwirtschaft Nr. 7, 2005

Steffenhagen, H. (2001): Copy Strategy, in Diller, H. (Hrsg.): Vahlens Großes Marketinglexikon, München 2001

Steich, M. (1997): Werbebudgetierung im internationalen Marketing. Ein modelltheoretischer Ansatz, in: Marketing ZFP, Heft 4, 4. Quartal 1997, S. 233 - 246

Stumpf, A. (2003): Richtig in die Marke investieren, in: Absatzwirtschaft Nr. 9 / 2003, S. 104 - 106

Trommsdorff, V. (2004): Konsumentenverhalten, 6. Aufl., Stuttgart 2004

Trommsdorff, V. (2004): Verfahren der Markenbewertung, in: Bruhn, M. (Hrsg.): Handbuch Markenführung, 2. Auflage, Bd. 2, o.O. 2004, S. 1853 - 1875

Ulrich, E. (2001): Arbeitspsychologie, 5. Aufl., Stuttgart / Zürich 2001

Verband Deutscher Zeitschriftenverleger (Hrsg.) (2007): Wie Werbung wirkt, Eye Tracking, Die Kunst des Augenblickes, Bd. 6, Berlin 2007

Völckner, F. / Sattler, H. / Klawiter, H. (2003): Honorar bei Erfolg – Albtraum für Agenturen?, in: Absatzwirtschaft Nr. 11 / 2003, S. 56 - 61

Weinert, A. B. (2004): Organisations- und Personalpsychologie, 5. Aufl., Weinheim / Basel 2004

Werben & Verkaufen (w&v) (Hrsg.) (1994): Männer haben nur Autos und Geld im Kopf, in: Werben & Verkaufen Nr. 16 / 1994, S. 16

Werben & Verkaufen (w&v) (Hrsg.) (2006): Georg Berzbach wechselt zur OMG, in: werben und verkaufen Nr. 47 / 2006, S. 89

Werben und Verkaufen (w&v) (Hrsg.) (2007): Joker im Konditionen-Poker, in: werben und verkaufen, Ausgabe 10 / 2007, S. 35

Werner, M. (2004): Modelling – Der Königsweg für höhere Werbeeffizienz?, in: Absatzwirtschaft Sonderheft 2004, S. 122 - 126